Oktay Barut • Liebe im Schatten des Teufels

OKTAY BARUT

Liebe im Schatten des Teufels

Gedichte und Geständnisse

Edition AVRA

Bibliografische Information der Deutschen Nationalbibliothek
Die Deutsche Nationalbibliothek verzeichnet diese Publikation in der Deutschen Nationalbibliografie; detaillierte bibliografische Daten sind im Internet über http://dnb.d-nb.de abrufbar.

Edition AVRA
Eine Marke der Frieling & Huffmann GmbH & Co. KG
Tel. + 49 - 30 - 766 999 - 0
E-Mail: lektorat@edition-avra.de
www.edition-avra.de

Umschlaggestaltung: Emilia Agovic
Bildnachweis U1: pixabay

1. Auflage 2024
ISBN 978-3-946467-68-7
Printed in Germany

Das Böse gibt einem genauso viel Kraft, wie das Gute. Doch das Böse lenkt ab, kaschiert, lügt und putscht auf. Das Gute hingegen gibt einem Gelassenheit und einen Lebenssinn.

Regnet es vom Himmel Wasser oder Blut?

INHALT

Grausamer Himmel 14
Ich bin bei dir 15
Neues Leben 16
Liebe im Himmel 18
Glaube mir 19
In einer Nacht 20
Die Liebe ist kein Wort und keine Frage 21
Gott, wer spricht da? 21
Was könnte ich sagen? 21
Nur die Liebe sieht 22
Nacht der Erkenntnis 22
Der Diktator 23
Mein Engel 23
Lyrik 24
An meine Geliebte 24
Alles ist Liebe 25
Der Dämon in mir 25
Gott und Teufel – zwei Seelen in meinem Dasein 26
Brief an Laura 38
Was ist Gott? Was sind seine Pläne? 39
Mein Liebling 55
Gott, wie begreife ich die Welt? 56
Liebeslied 57
1) In der Stille der Nacht 58
2) In der Hölle 59
3) Die Liebe mit der Seele 60
4) Weil das so ist 61

5) Die Liebe sagt alles 62
6) Die Liebe ist anders 63
7) Lebensphilosophie 65
8) Lebensphilosophie II 66
9) Wenn die Nacht so still ist 67
10) Erklär mir alle Liebe 69
11) Gott ist mein Schöpfer 71
12) Schuldig 72
13) Kritische Gedanken 73
14) Gott und Teufel 75
15) Ich habe, ich weiß, ich sehe 76
16) Lebensschicksal 78
17) Lebensschicksal II 80
18) Philosophie 82
19) Ich habe keine Seele 83
20) Was tust du, Gott? 84
Sie ist schöner als ein Engel 85
Liebe 86
Du und ich 87
Liebe Seele Gott 88
Gesegnet 89
Weil die Liebe ewig ist 90
Liebe leben 91
Geheimnis in der Liebe 92
Die Liebe hört nicht auf 93
Die Tür zum Paradies 94
Meine Liebe zu ihr 95
Ein anderes Leben 96
Gott und Freiheit 97

Liebe den Himmel 98
Lass uns scherzen 99
Traurige Liebe 100
Gott hat dich lieb 101
Meine geliebte Frau 102
Gib mir Kraft, Geliebte 103
Erzähle mir deine Stille 104
Es ist Liebe 105
Der erste Kuss 106
Ihr Blick war so sanft 107
Hölle und Paradies 108
Die Ewigkeit zerfällt 109
Weil sie weg ist 110
Alles, was ich möchte 111
Himmlischer Engel 112
Der Himmel lacht 113
Ein wahrer Gott steht über mir 114
Wie ich mit meiner Seele die Welt verändert habe 115
Mein ganzes Glück 116
Der Weg in den Himmel 117
Mein Licht 118
Gottes Schrei 119
Das bin nicht ich 120
Eine Gefahr für die Welt 121
Von Gott erschaffen 122
Rückkehr zu Gott 123
Gottes Lob 124
Heimkehr 125
Gott, Teufel und ich 126

Eine wahre Vision 133
Verfluchte Seelen 134
Unbekannte Kräfte..135
Der Wind 136
Das Schicksal des Lebens..137

Vorwort

Innerhalb weniger Zeilen wird dem Leser bereits der Gedanke kommen, dass Oktay Barut kein gewöhnlicher Mensch ist. Seine Worte über den Himmel und die Hölle, dass er sich zwischen Gott und den Teufel stellt sowie seine Beschreibung des eigenen Todes und seiner überirdischen Gedanken erwarten den Leser in „Liebe im Schatten des Teufels“. Die Nacht ist eine sehr besondere, fast schon magische Zeit, zu der die Gedanken immer schneller zu kreisen scheinen. Die Erfahrung konnte wohl jeder schon machen. Barut, der selbst die Stimme Gottes in sich wahrnimmt, reflektiert dann, was Gott ist und ob er Pläne hat, was Philosophen darüber denken und wie die Wissenschaft daran scheitert, seine Existenz zu beweisen oder zu widerlegen. Doch für ihn ist eins sicher: ohne Gott würde er nicht existieren.

In den Personen um sich erkennt Barut immer wieder die strahlenden Engelsgestalten, die sie in Wahrheit sind, von denen sie aber nichts ahnen. Neben seinen Gedichten schreibt Barut außerdem seine Erinnerungen aus der Kindheit sowie prägende Ereignisse nieder, die ihn die Anwesenheit von Gott spüren ließen. Tatsächlich ist es aber nicht nur Gott, der Einfluss auf seine Gedanken nimmt. Auch sein Gegenspieler, der Teufel, zerrt an Barut und bringt ihn in Versuchung ein sündhaftes Leben zu führen. Welche Kämpfe der Autor bisher ausgefochten hat und welchen Einfluss er damit auf die gesamte Menschheit ausübte, wird in diesem Werk ausdrucksstark aufgedeckt. Wer kann schon von sich behaupten, mit 27 gestorben zu sein und nun ein Buch zu veröffentlichen?

Barut sinniert nicht nur über die großen Fragen zur Existenz Gottes und seines Gegenspielers in Teufelsgestalt. Er ist ein Suchender, jemand, der unermüdlich fragt und hinterfragt, reflektiert und analysiert, ergründet und beleuchtet. Das Leben ist ein Test mit guten und bösen Seiten, den er zu enträtseln versucht. Er möchte selbst bestehen. Er möchte aber das Gesehene auch teilen, möchte der Ignoranz seiner Mitmenschen und der Gesellschaft begegnen, um gesehen, erhört und verstanden zu werden.

Zum Leben gehört auch die Liebe, die Barut als das größte Mysterium zwischen Himmel und Erde erkennt. Liebe, sie ist für ihn kein Wort und keine Frage. Sie sagt alles und gibt dem Seelenleben einen Sinn. Dieses größte Wunder aller Gefühle hat Barut in allen Formen kennengelernt. Die Liebe zum Gott und die Liebe zu Menschen, die romantische Süße und den bitteren Schmerz. Er hat aus ihr Kraft geschöpft, sich auf ihren Flügeln in die lichten Gefilde der Schwerelosigkeit treiben lassen. Sie hat ihm aber auch die Kehrseite gezeigt, ihre frostige Kälte, das Gefühl der bleiernen Schwere und die Bodenlosigkeit.

In vielen Gedichten erkennt man Baruts Ohnmacht. So, als würden ihn die aufwallenden Gefühle, die vielen verschleierten Realitäten und die ungelösten Fragen ermüden. Zwischen Erkenntnissen und Tatendrang verbergen sich Räume voller Schuldgefühle und Demut.

Barut ist, und das zeichnet ihn aus, ein Stehaufmännchen. In der Dunkelheit sucht er nach einem Sinn und baut aus Scherben seiner Angst neue Rettungsanker. Er ist eine Phönix, die sich dem Fegefeuer eigener Albträume und angsteinflößender Visionen widersetzt und immer aufs Neue siegt.

Grausamer Himmel

Der Grausame Himmel ist verliebt,
Siehst du es nicht?
Ich weiß es.
Die Wolken im Himmel bewegen sich schnell.
Es ist eine Liebe, die ewig ist.

In jener Abendstunde
Sah ich sie tanzen.
Ich kann dich nicht vergessen.
Wenn du nicht bei mir bist,
Wenn du von mir entfernt bist,
Liebe ich dich mehr und mehr.

Es ist mein Gefühl,
Welches mit ihr lebt.
Kehre um, bleibe bei mir!
Meine Sehnsucht sucht nach ihr.
Ohne sie ist alles sinnlos.
Komm, befrei mich
Von meinem Leid.

Sie ist von mir entfernt,
Deshalb bleibt der Himmel finster.
Du sollst meine ewige Liebe sein,
Meine allerhöchste Liebe.
Meine Fantasie.
Komm zu mir zurück.
Und wir schauen den weinenden Himmel an.
Der Grausame Himmel ist verliebt.
Seine Liebe bleibt ein Geheimnis.

Ich bin bei dir

Ich bin bei dir.
In deinen Nächten,
In deinen Träumen.
Ich glaube, dass Liebe unendlich wird.
Dich zu lieben, ist der schönste Traum.

Ich wollte dir noch sagen:
Das Leben ist schön mit dir.
Gott hat dir einen Weg gezeigt.
Folge dem Weg
Und du wirst verstehen.
Der einzige Weg zu Gott ist die Liebe.
Mit der Liebe können wir alles erreichen.

Ich wollte dir noch sagen:
Wie schön ist die Natur.
Es ist Zeit.
Der Frühlingsmorgen fängt wieder an,
Der Herbst ist erfüllt von Liebe,
Der Wind weht über das weite Feld,
Dort treffen sich die Liebenden.

Doch du weißt, dass wir die Tiefe
eines Tages mit Liebe erfüllen,
Du musst glauben, dass du unendlich bist.
Du musst lernen
Das Leben ist kein Spiel.
Das Leben ist ein Test.
Für Gott kannst du kein Urteil geben,
Für den Teufel mach dich nicht verantwortlich.
Mit guten und mit bösen Seiten.

Neues Leben

Ich schaue in die Ferne
Und das Licht der Sonne strahlt hinaus.
Meine Gedanken wehen mit dem Wind,
Meine Gefühle verbinden sich mit unendlichem Leben.
Der Himmel, voller Melodien
Meine Fantasie, ein ewiges Leben,
Das ich nicht in Worte fassen kann.
Liebe das Leben!
Es ist noch nicht zu spät!

So beginnt ein neues Leben.
Die Seele voll Licht,
Die Natur im Frühling.
Meine Geliebte ist fern und doch so nah.
Ich weiß, was die Liebe bedeutet,
Sie ist still, still wie die Nacht.
Ich habe sie festgehalten.
Der heutige Tag ist voller Licht.

Meine Gefühle begreifen das Universum nicht.
So mache ich mir Gedanken.
Wie ist alles entstanden?
Ich möchte alles mit ihr fühlen,
Ich möchte sie in meiner Nähe haben.
So begreife ich wirklich,
Was die Liebe ist.

Endlich ging mein Wunsch in Erfüllung
Und die Liebe führte mich zu ihr.
Ich erkenne mich in ihr wieder.
Die Liebe, sie führte uns in den Himmel.

Sie führte uns ins Glück.
Ich träumte einen Traum,
In dem ich nicht mehr aufhörte, zu lieben.

Liebe im Himmel

Die Aufgaben des Lebens.
Nachdenken und Fühlen.
Die Seele ins Licht bringen.
Nur dort wissen, was Liebe ist.
Die ewige Sehnsucht.
An einem ewigen Ort glücklich werden.
In Liebe und Freiheit.
Seele und Zeit.
Teil vom Paradies.

Sieh, die himmlische Freiheit.
Sieh, einander lieben.
Sieh, der Himmel.

Es ist soweit.

Glaube mir

Welch ungewöhnliches Leben ist das?
Der Himmel kennt keine Lieder mehr.
Und die Welt leidet.

Welch ungewöhnlicher Geist ist das?
Der mit Gott streitet.
Und keine Liebe kennt.

Einer, der Gott kennt.
Ist er Gottes Gegner?
Er lebt in Gottes Welt und zerstört.
Kennt keine Gnade.
Voller Hass.

Die Höllenmenschen riefen.
„Gott ist da. Gott ist da."
Der Geist meiner Welt.
Blickt zum Himmel. Lacht.

Trotzdem versucht Gott, hier eine neue Welt zu begründen.
Eine, die Freiheit gibt.

Denn ward es Stille in meiner Seele.
Ich kann nicht mehr empfinden.
Meine Zeit wird kommen.

Als ich lächelte,
ging die Sonne auf.

In einer Nacht

Mädchen der Nacht.
Jung und schön.

Der Dämon in mir.
Sie wusste nichts.

Ich folge meiner Geliebten.

Komm, in meinen Himmel.
Komm, ins Paradies.
Komm, vertraue und folge.

Sie weiß es.
Liebe.
Ich weiß es.
Liebe.

Mein zweites Ich.
Alles anders.

Der Tag kommt.
Leere.

Die Liebe ist kein Wort und keine Frage

Die Liebe ist kein Wort und keine Frage
Sie ist Stille, Phantasie und Kraft
Sie ist die Seele, die ich in mir trage
Gott ist es, der sie erschafft.

Die Liebe ist der Weg zu Gott allein
Sie gibt mir Mut zum Leben alle Tage
Sie ist mir Hafen, Hort und Heim
Die Liebe ist kein Wort und keine Frage.

Gott, wer spricht da?

Ich höre alle deine Nachrichten
Höre sie in Fernsehen, Zeitung, Radio
Höre und rufe sie in die Welt
In die liebevolle Welt der
Ewigen Duldung und menschlichen Liebe.

Den Toden des Teufels bin ich gerade noch entkommen.

Was könnte ich sagen?

Was ich nicht wusste über die Liebe!
Da berief mich Gott an einen stilleren Ort
Ich wusste nicht weshalb, ich wusste nicht woher
Als ich dort war, rief Gott seine Engel
Sie sprachen und ich hörte ihre Stimmen
Jetzt bin ich der Wahrheit ein Stückchen näher.

Nur die Liebe sieht

Ich sah Gott nur ein einziges Mal
Seine Freiheit erlebte ich zweifach
Wie es sie auch auf der Erde gibt

Ich bin tot – ich habe keine Seele
Mit der ich denken oder fühlen kann
Ich habe keine Seele, mit der ich lieben kann

Gott hat sie getötet.

Nacht der Erkenntnis

In der Nacht da ich besessen war
– Die Wolken waren feuerrot –
Verlor ich fast meine Gedanken
Und rief laut zu Gott.

Der Himmel sprach zu mir:
Du bist besessen, das Böse lebt in dir
Geh in den Ort und such die Leute, die du kennst.
Ich tat, wie mir geheißen.

Ich wollte mich von den Leuten trennen
Aber ich musste das Spiel mit ihnen spielen
Und merkte, dass ich wirkte:
Ich hatte unendliche Wut in mir.

Der Diktator

Er spielt ein grausames Spiel.
Er kennt keine Gnade.
Seine Methoden zu töten sind vielfältig.
Unter seiner Herrschaft gibt es keine Gerechtigkeit.

Wer seine Befehle nicht befolgt, wird bestraft.
Wer sich ihm widersetzt, wird getötet.
Wir verweigern uns!
Wir treten ihm entgegen!

Der Morgen bricht an –
Wir wollen frei sein!

Mein Engel

Wie ein Engel erscheinst du mir
In mein Leben bringst du die Schönheit
Küssen will ich dich, wenn du so süß sprichst

Komm zu mir in der Nacht, meine Geliebte,
bring mir viel Glück!
Jede Nacht träume ich von dir, ich fühle dich so tief

Bald kommt der Abend, an dem sie mich
Unter den Sternenhimmel bringt.

Lyrik

Ich spiele ein Spiel
In dem ich nicht weiß, was geschieht.
Die Geschichte ist die Liebe
Das Schicksal die Macht.
Ich gehe durch den Himmel:
Dort ist alles Liebe.

Liebe bedeutet dieses Lied, welches in mir spielte
Und das unsere erste Begegnung war.
Ich kenne einen Ort, an dem sich die Liebenden treffen
An diesem Ort werden uns Engel begegnen.
Meine Seele ist ganz still geworden:
Diese Liebe kommt von Gott.

An meine Geliebte

Meine Liebe zu dir liegt so nah.
Ich bin besessen von dir.
Jeden Tag wünsche ich mir dich bei mir.

Dass du meine einzige Liebe bist,
die so stark ist wie nie zuvor, das weißt du.
Wir gehören zusammen.
In dieses Leben oder ins Jenseits.

Die Liebe ist unser Leben.
Ich verlasse dich erst,
wenn ich tot bin.

Habe ich die Liebe begriffen?

Alles ist Liebe

Das Leben beginnt mit der Liebe
Alles andere ist nur ein Spiel,
Das was du bist und was du sein kannst
Es ist der Liebe höchstes Ziel

Einst blickte ich in die Ferne
Und ich sah, es ist alles Liebe
nicht zu nah, und nicht zu fern
erwachen der Liebe neue Triebe

Der Dämon in mir

Ich sah den Dämon in der Hölle
ich konnte nicht lieben,
ich konnte nicht fühlen
ich betete Hass

Es war die Stille, ein ewiger Schmerz
ich sprach zu ihr
ich sagte ihr
töte mich nicht

Gott und Teufel – zwei Seelen in meinem Dasein

62. Gesang

Die Welt kann die Freiheit fühlen.
Es war ein Wunder, dass Gott in mir lebte.
Der Freiheit Zustand ist mein Tod.
Wie oft war ich tot.

Ich war tot von Satans Händen.
Ich war tot von Christi Händen.
Ich bin von den Toten auferstanden
mit der höchsten Macht,
der Macht des Teufels.

Ein gefallener Engel zu sein, ist nicht meine Welt.
Ich bin geboren zu beherrschen.
Sie steht vor mir, sie fühlt mich und
dass ich sehr aufgeregt bin.
Ich muss höllische Taten spielen.
So fühle ich mich frei.
Ich bin in der Tat, habe unendliche schöne und böse Seiten.

Ich habe das irdische Leben verlassen.
Ich starb. Ich sah den Teufel. Ich bat ihn um Gnade.
Seine Blicke waren hasserfüllt,
er feuerte auf meine himmlische Seele mit seiner Pistole.
Ich konnte alles sehen und fühlen.
Es war Mitternacht, 12 Uhr.
Ich war wach in dieser Nacht.
Ich war tot.

Ein tiefer Schwindel war in meinem Kopf. Ich war tot.
Ich muss sagen, der Tod ist sehr süß.
Ich erkenne den Tod.
Ich sollte nicht vom Tod auferstehen.
Der Welt Schicksal ist meine Vorstellung
gewesen.

Seit 2003 bin ich ein gefallener Engel.
Wieso fühlt ihr nicht? Wieso liebt ihr nicht?
Der Gott, der in mir lebte, ist tot. Was bedeutet das?
Ich bin nicht von dieser Welt.
Ihr seid glücklich, weil Gott in mir lebte.

Das bedeutet, der Teufel konnte auf Gottes Höhe gehen.
Das bin ich. Ich habe Gott gesehen.
Die Weltseele ist tot.
Denn ich plane hier ein kompliziertes Schicksal.

Christus ist wiedergeboren. Das ist Tatsache.
Er sagte zu mir: Gott ist tot, deshalb ist die Weltseele tot.
Betrachtet ihr mich jetzt als einfache Person,
weil ich nicht mehr wirke?
Ich konnte wirken – so sah Christus Satan und Gott
in meiner Person.

Heute leben. Heute lachen. Heute glücklich sein.
Das bin ich nicht mehr.
Ich bin tot. Ich bin ein Leib und Sprache.

Ich konnte damals denken, sehr schnell und kompliziert.
Ich bin des Teufels Person.
Ich begleite die Weltseele mit einem einzigen Gedanken.
Denn meine Existenz sollte nicht in dieser Welt sein.

Ich wurde geboren nach Gottes Plan.
In diesem Plan ist der Teufel in meiner Person.
In der Vergangenheit war er in Gottes Höhe.
Dadurch ist er gottlos geworden.

Die Welt ist groß, egal, wo du dich bewegst.
Aber du wirst tot sein.
Entweder kommt deine Seele zu Gott oder zum Teufel.
Das ist die höchste Wahrheit.
Deshalb spreche ich hier vom Teufel und von Gott
immer wieder.

63. Gesang

Ich bin der einzige Engel,
der alles bewegt und begründet hat.
Seht, was Gott ist – mit seinem Engel,
der die Welt, das Paradies, Hölle und Zukunft bewegt.

Meine Freiheit ist gottähnlich.
Meine Psyche ist der Teufel.
Jetzt fällt das Leben mir zu schwer.

Ich habe glückliche Menschen gesehen.
Ich habe den Grund gesucht.
Die Menschen waren Engeln gleich.
Kannst du die himmlische Freiheit fühlen?

Die Liebe ist unbegreiflich. Die Liebe ist unendlich.
Ich weiß etwas.
Wenn man die Freiheit fühlt,
so begreift man das Leben immer positiv.

Manchmal scheint das Leben
eine schwierige Aufgabe zu sein.
Wir bewegen uns zwischen Himmel und Erde.
Unser Dasein im irdischen Leben ist ein Test.
Im Himmel sind wir ewig.

Es gibt Tage, da sind wir glücklich.
Es gibt Tage, da sind wir verzweifelt.
Und wir wissen nicht wieso.
Wir haben unendliche Liebe und Phantasie.
Manchmal empfinden wir das Leben pessimistisch.
Sollte alles ein Test sein,
wie wir uns mit dem Leben abfinden?

Du denkst, das Leben ist ein Spaß.
Wie wir handeln. Und wie wir denken.
Gott ist sich bewusst,
welche Seite des Lebens du wählst.

Der Zustand des Lebens wird sich verändern.
Das ist eine Aufgabe für Engel.
Wenn keine Engel existieren würden,
dann glaube ich, dass unser Leben anders gestaltet wäre.
Wieso muss das so sein?
Ich glaube, das ist eine Geschichte
aus der Vergangenheit von Gott und Engeln.

Wenn du das Leben begreifst,
so begreifst du auch den Himmel.
Auf jede Nacht folgt eine neue Hoffnung.
Wir brauchen einen bestimmten Tag,
denn wir sollen über das Leben nachdenken.

Die Gedanken sind sehr wichtig.
Es ist die höchste Wahrheit,
was wir empfinden und fühlen.
Mit schönen Gedanken können wir alles erreichen.
Das Leben besteht aus Gedanken.
Wie wir unsere Gedanken gestalten …
Bei menschlichen Gedanken gibt es eine tiefe Freiheit.

Liebe und Gott machen uns frei.
Weil wir etwas Schönes besitzen.
Wenn Gott möchte, wird die Welt frei sein.
Die Entscheidungsfreiheit liegt in unserer Person begründet.

Jedes Schicksal ist schön.
Wir handeln falsch.
Ich habe das Angesicht des Lebens nicht genau betrachtet.
Ich habe meine Phantasie und Freiheit verfolgt.
So fühle ich eine schöne Freiheit in meiner Phantasie.

Die Liebe kann unendlich sein.
Diese unendliche Liebe führt uns zu Gott.
Gott möchte, das wir lieben und glücklich sind.
Wir sollten unsere Seele nicht an den Teufel verkaufen.
Wenn die Liebe so stark ist,
gibt es keine Täuschung mehr.

Wenn wir die Liebe fühlen,
so können wir die höchste Phantasie erreichen.
Wir können Gottes Liebe erreichen.

Mein Leben auf dieser Welt währt nicht ewig.
Wirklich gesagt, mit 27 Jahren habe ich
meine Liebe verloren.

Es beginnt ein höllisches Leben in meiner Person.
Ich bin tot. Es gibt kein Gesetz, das etwas für mich tun kann.
Mit 28 Jahren nahm Gott meine Seele in den Himmel.
Im Himmel bin ich jung und schön.

Ich sah meine Seele vor mir,
wie sie mich traurig angeschaut hat
und in den Himmel aufgestiegen ist.
So beginnt ein teuflisches Leben in meiner Person.

Die Frage ist: Kann der Teufel Gottes Höhe erreichen?
In der Höhe ist die Macht.
Wenn ich mich in Gottes Höhe bringe,
kann ich den Himmel auf die Erde bringen.

64. Gesang

Ich muss nicht denken,
weil ich weiß,
mit welchen Gedanken ich beschäftigt war.

Mit der Liebe bin ich fertig.
Mit der höchsten Freiheit bin ich ebenfalls fertig.
Ich verhalte mich still.
Ich schreibe keine Schicksale mehr.

Ich lasse jeden denken.
Ich lasse jeden fühlen.
Die Menschheit ist nicht mehr
in meiner Vorstellung begründet.
Ich empfinde keine Hassgefühle.
Ich habe keine teuflischen Gedanken.

Jeder Morgen ist ein neuer Tag und neue Hoffnung.
Ich liebe jede Nachricht von Gott.
Ich habe keine Angst vor dem Tod.
Ich weiß, was mich erwartet.

Ich kenne die seelische Freiheit im Himmel.
Den Tod kann ich nicht abstreiten.
Alles ist Leere.
Ich glaube nicht an die wissenschaftlichen Lehren.
Ich glaube an weitere Leben bis in die Ewigkeit.
Ich liebe die Engel, die sich vor mir verbeugen
und die mir glauben.
Ich liebe die Freiheit.
Irgendwann kommt die Freiheit zu mir.
Das ist meine himmlische Seele,
die der Erde Freiheit bringt.
Mein Tod ist gedankenlose Fülle.
Ich brauche keinen Besitz,
weil ich vom irdischen Leben Abschied genommen habe.

Es gibt so viel Leid.
Es gibt so viel Krieg.
Ich weiß nicht wozu.
Die Menschen glauben, die Welt ist gottlos,
doch wir sehen nicht.

Ich weiß, der Himmel bedeutet,
schöne Gedanken zu besitzen und Freiheit zu genießen.
Wir sollen nicht Gott suchen
und uns über Gott Gedanken machen.
Lebe dein Leben und denke nicht an morgen.
Lebe mit viel Glück und Liebe.
Im Paradies herrschen Liebe und Freiheit.

Lebe dein Leben, wie die Freiheit uns strahlt.

Meine himmlische Seele strahlt mir keine Freiheit mehr.
Ich empfinde kein Freiheitserlebnis mehr.
Aber der Himmel kommt auf die Erde.

Ich bin die Freiheit, ich verfolge euch bis in das Paradies.
Ich habe eine Seele im Himmel und ich bin tot.
Die Götter fragen, wann kommst du in den Himmel?
Die Engel sagen, er denkt, ohne etwas dabei zu empfinden.
Du sollst einfach wie ein Engel leben.

Ein Engel sagt zu mir: Er ist wie ich.
Er hat etwas Schönes an sich.
Dann sah ich, der Engel weint.
Die Engel bringen uns Liebe.
Lieben und geliebt zu werden.
Das Glück fragt: Möchtest du ins Paradies kommen?

65. Gesang
Ich liebe es nicht.
Die Welt ist ein höllischer Ort.
Ich brauche nicht an einem höllischen Ort zu sein.

Ich weiß wohl, dass die Welt grausam ist.
Den Teufel lass ich ausschalten.
Dem Schicksal nach, meine ich,
soll er für zehn Jahre ein gefallener Engel sein,
dass er uns 100 Jahre in Ruhe lasse.

Was er liebt: Wenn der Teufel uns in der Hölle sieht.
Denn Liebe kann der Teufel nicht zerstören.
Also kommt eine neue Freiheit über uns.

Ich sah vor meinen Augen leuchtende Lichte winken.
Wir leben heute in Finsternis.
Ich weiß, dass die Welt die Freiheit braucht.
Unsere Seele braucht Licht.

Hörst du nicht – der Himmel weint.
Du liebst den Himmel.
Sind unsere Gedanken so künstlich,
dass wir Gewalt verüben?

Fühlst du die Stille nicht?
Lebt ihr in einem teuflischen Kreis,
seht ihr nicht, dass die Naturseele spricht?
In welcher Welt leben wir,
dass Gewalt und Hass uns beherrschen?

Hat der Teufel sein Ziel erreicht,
dass die Welt grausames Schicksal ist?
Des Teufels Lehre erklärt: Ich bin's.
Dass die Welt in Finsternis lebt.

Niemand gewinnt die Welt.
Die Welt gehört zu Gott.
Der Menschen Gedanken haben ihnen
ein teuflisches Wissen gebracht.
Und die Seele gehört an einen höllischen Ort.
Lasst die Welt Gottes Schicksal sein.

Du sollst die Stille fühlen.
Die innere Stille ist eine kraftvolle Energie,
die die Liebe erkennt.

Du sollst denken, alles genau betrachten.
Das Denken ist die höchste Wahrheit.
Hat unsere Seele uns verlassen, dass wir nicht empfinden?
Strahlt die himmlische Seele keine Freiheit mehr für uns?

Siehst du, dass die Weltseele
in den Himmel aufgestiegen ist?
Siehst du, dass die Welt keine Liebe erkennt?
Die Liebe ist künstlich.

Alles ist ein Lustspiel.
Ich wünschte mir eine ewige Liebe.
Ich dachte niemals, dass mein Leben
zu einem höllischen Ort wird.
Es ist ein Schicksal.

66. Gesang
Es gibt eine gute Zeit, die hundert Jahre dauert.
Ein Engel hat in allen Lebensereignissen leben müssen.
Der Teufel schreibt Geschichte, mit mir.
Gott hat alles in meinem Dasein gebracht.
Alle Ereignisse des Lebens befinden sich im Himmel,
mit höchster Kraftenergie.

Wie heilt die verlassene Seele?
Immer erzähle ich von einem Engel,

der in meiner Vorstellungswelt lebt.
Freiheit und Leid sind mein Dasein. Die Welt folgt mir nach.
Ich lebe heute als eine tote Person.
Der Tod bedeutet, an einem höllischen Ort zu leben.
Der Tod bedeutet, dass ich Gottes Freiheit leben sollte.
Ich kenne Gottes Freiheit.
Ich konnte sie im tiefsten Gewissen fühlen.

Der Auftrag des Teufels liegt
in meiner besessenen Seele begründet.
Als ich tot und auferstanden war,
begegnete mir ein höllisches Leben.
Die höllischen Taten, die ich gelebt habe.
Manchmal sieht unser Schicksal aus wie eine Strafe.
Die Menschen mit der Sünde leben muss.

Es ist ein Engel, der das Gute zerstört hat.
Wer die Freiheit nicht fühlt,
fühlt die himmlische Freiheit nicht.

Wer leidet, leidet in der Hölle.
Die Hölle ist sehr grausam.

Als Engel verlasse ich die Welt.
Man sollte Teufel sein,
doch es beherrscht uns ein teuflisches Schicksal.
Ich stand mit meiner himmlischen Seele neben Gott.
Ich bin sein Engel.

Alles hat sich geändert.
Als der Teufel in mir lebte, war die Weltseele grausam.
Jeder von uns hat eine pessimistische Seite.
In einem schönen Gedanken liegt eine schöne Seele.

Die Seele will lachen,
dass meine besessene

Brief an Laura

über meine himmlische Seele oder das irdische Ich

Laura, Gott hat dich als Engel mit bestimmten Aufgaben erwählt.

Leider bin ich in meinem Leben bisher keiner dieser schönen Engel gewesen. Die große Aufgabe, ein solcher Engel zu werden, steht mir noch bevor – sowohl mit guten wie auch schlechten Seiten. In diesem Leben hält das Schicksal noch eine schwere Prüfung für mich bereit.

Ich vereinige in meiner Person das Böse und das Gute des irdischen Lebens – damit ist alles nur ein Schein. Nach dem Ausdruck meiner bösen Seiten verging nicht viel Zeit, bis ich auch meine guten Anteile zeigen durfte.

Bevor ich geheilt werden kann, muss die ganze Welt geheilt werden. Die einzige Kraft, die heilen kann, ist Gott – wenn wir ihn denn wahrnehmen. Wenn ich am Abend den Mond anschaue und in ihm die Gesichter von Laura und Canan sehe, wird mir dies bewusst. Ich weiß nicht, ob Gott die Welt wirklich heilen kann, aber er kann zumindest etwas verändern.

Im Moment scheint es meine Aufgabe zu sein, in dieser künstlichen Welt die Realität zu erkennen. Im Himmel wird meine Seele die göttliche Freiheit fühlen, denn nur Gott kann mir die Kraft dafür geben, Gutes für die Welt zu tun.

In einem kritischen Zustand ist nur entscheidend, ob man an Gott glaubt. Ich glaube, mich gedanklich schon von der Welt verabschiedet zu haben. Schaut, ich habe eine himmlische Seele, nur mein Körper weilt unter euch.

Laura, wir sind beide Engel, aber ich bin fort und bei dir sind jetzt andere Engel, deren Seelen himmlisch sind und deren Körper Abbilder Gottes zu sein scheinen. Ich lebe zwar noch, doch meine Gefühle scheinen schon tot zu sein. Ich glaube,

dass sich meine Seele irgendwo zwischen Himmel und Erde befindet.
Die Menschheit erwartet eine bessere Zukunft.
Laura, bleib auf Gottes Weg. Du bist sein Engel. Gott achtet alles, was du denkst und fühlst.

Was ist Gott? Was sind seine Pläne?

Vielleicht denkt jemand in Zukunft an mich. Ich erzähle von einer ungewöhnlichen Freiheit. Diese Freiheit ist mir im 21. Jahrhundert begegnet, denn in meinem Erleben gab es durch die Hände des Teufels einen Todesfall. Es gab eine Begegnung in der Hölle. Ich habe mich seelisch dorthin begeben, denn ich bin zu Höherem bestimmt. Gott hat mich auserwählt.

Wenn ich noch deutlicher werden darf: Das Schöne hatte keine Grenzen. Durch mich ist das Schöne hinausgetragen worden. Ich habe das Strahlen der Engel in meinen Mitmenschen gesehen.

Die Wissenschaftler und Philosophen haben ihre Diskussionen darüber beendet, denn in Wahrheit ist niemand Gott begegnet. Deshalb kann man auch sagen, Gott sei nicht existent. Doch jeder Wissenschaftler und Philosoph hat einmal darüber nachgedacht, was Gott ist und was seine Pläne sind.

Ich werde von Gott beherrscht, denn alles, was ich tue, das ist Gottes Wunsch. Ich verfolge meine Lebensgeschichte, und ich habe verstanden, dass alles, was ich bin, nur durch Gottes Anteilnahme möglich geworden ist. Der Weg, den ich ausgewählt habe, ist nicht mein Weg, denn es ist der Weg Gottes.

Als ich zur Welt kam, hörte ich, dass es Paradiesfarben gibt, welche unseren Ort in einem schönen Strahl erglänzen ließen. In meiner Kindheit haben mich viele Familienangehörige besucht, die bestätigt haben, dass auch ich diese besonderen Strahlen habe. Für jeden Menschen in meiner Umgebung war ich das schönste Kind.

Das Licht, das ich seit meiner Kindheit ausstrahle, ist rot und grün. Fremdartige Bilder habe ich in der Unendlichkeit vor mir sehen können. Und die melodischen Lieder, die ich

zeit meiner Kindheit gehört habe, kamen Engelsgesang gleich.

Als ich sieben Jahre alt war, besuchte ich meine Familie in der Türkei. Mit stillen Gedanken ging ich eines Tages einen Weg hoch. Dabei blickte ich nach links und rechts. Dann fiel ich hin und stand langsam wieder auf. Da hörte ich einen Gebetsgesang: „Gott ist groß!“ In diesem Moment spürte ich in meiner Seele ein tiefes religiöses Gefühl.

Später, als ich im Bett lag, spürte ich, wie eine Kraft in meinen Körper fuhr. Ich wollte laut aufschreien, aber meine Stimme versagte. Ich wollte mich bewegen und konnte es nicht. Das ganze ist mir drei Nächte hintereinander wieder vorgekommen.

Als ich nach draußen ging, drehten sich vor mir der Himmel und die Erde sehr schnell im Kreis. Ich wusste nicht, wo oben und unten ist. Das ganze ist mir drei Tage hintereinander passiert. Wenn meine Seele und mein Körper zusammenstießen, fühlte ich, dass es ein Erdbeben gab. Danach konnte ich ca. 200 Kinder in der Schule durch meine Gedanken zur Ruhe bringen.

Später kam ich zurück nach Deutschland, doch alles war schön. Mit 13 Jahren fing ich an zu fantasieren. Ich ging in die Natur und dachte täglich sehr viel nach. Die Liebe breitete sich ins Unendliche aus. Ich hatte zwar schon zuvor gewusst, dass es einen Gott gibt, aber nun war ich erfüllt von meiner Liebe und Fantasie. Die täglichen schönen Gedanken bewahrten mich vor der Verzweiflung. So stellte ich mir die Welt vor. Ich entwickelte viele schöne Gedanken.

Der Ausgangspunkt für meine weiteren Überlegungen stimmte mich traurig, weil ich mit mir nicht zufrieden war, obwohl meine Seele stark genug war. Aber ich stellte mir möglichst immer das Schöne vor. Denn wenn die Liebe die Menschen verlässt, was geschieht dann?

Ich wollte davon nichts wissen. Ich sah, dass die Menschen verzweifelt waren, aber vor der Verzweiflung sah ich stärkere Liebe. Das machte meine eigene Liebe noch stärker. Ich wollte von Leiden nichts wissen. Meine Liebe war auffällig. Ich konnte sie immer wieder herbeirufen. Ich ließ meine Liebe wirken. Ich sah meine Liebe und die Welt und ihre Anliegen.

Wir haben in unseren Vorstellungen die Empfindungen immer mit der gleichen Fantasie wiederholt. So entstanden die gemeinsamen Überzeugungen mit anderen Menschen und setzten sich fest.

Doch ich wollte noch stärkere Liebe. Die himmlische Schönheit besteht aus meiner reinen Seele. Eine Wurzel der wahren Schönheit liegt in meiner Seele in himmlischer Schönheit begründet. Davon habe ich eine innere Wirkung in meinem Selbstgefühl. Das ist wirklich ein herrlicher göttlicher Funken. Ich erlebte zum ersten Mal so eine unendliche Freiheit. Das war Gott selbst.

Leider steht es mir nicht zu, so etwas ewig zu fühlen, denn in Gottes Umkreis gibt es einen Teufelsengel mit schönem Antlitz, der Böses im Sinn hat. Wenn ich hier etwas falsch formuliere, dann weiß ich nicht, was göttlich ist in meinem

Denken. Wenn ein höherer Teufel mich in seine höheren Gefilde bringt, dann habe ich mit meinem spirituellen Geist etwas falsch gemacht.

Man kann auch nicht sagen, dass ich mich selbst zum teuflischen Gedankengut gebracht hätte. Das war eine Abendstunde in meinen Gedanken. Ich hatte etwas gehört, an das ich mich nicht halten konnte, denn schon im selben Moment hatte ich gemerkt, dass diese Gedanken falsch waren. Doch die reinen Gedanken waren verschwunden, und so habe ich die Taten immer wiederholt. Ich habe gemerkt, dass ich in manchen Unterfangen meinen Stolz verliere, aber das war nicht die Frage.

Der Teufel hat mich angesehen. Nachdem ich gründlich darüber nachgedacht hatte, wie stark mich eine Teufelstat beeinflusst hatte, wurde mir bewusst, dass ich anders handeln musste. Aber trotz allem war der teuflische Einfluss in meiner Nähe.

Mein Denken wurde stark, aber die Gedanken, die ich ausgewählt hatte, waren böse. Sie störten mein Empfinden, von einer Tat zur nächsten entwickelte sich mein Denken.

Mit der Sprachkunst, die wir benutzen, verbleiben wir in künstlichen Formen. Von unserer Sprachempfindung rührt unsere Ansicht her, wir bewegten uns auf einer höheren Ebene. Dabei bedenken wir aber nicht, welche Lebensabfolgen wir einzuhalten haben.

Wir stellen etwas dar, wo etwas Schönes verlorengeht. Das geht bis zu einer ausgesprochenen Künstlichkeit der Sprachkunst ohne jeden Gedanken. Denn inzwischen habe ich mir ausführliche Sprachkunsterklärungen dargelegt. Die Fantasie ist frei, aber man denkt dabei nicht tiefgründig. Auf diese Weise habe ich meine Taten ausgeführt.

Ich hatte keine böse Wirkung. Ich wollte nur etwas vorspielen. Das alles hat drei Monate gedauert. Dabei wollte ich nur etwas vorspielen. Das machte mir selbst irgendwie Spaß. Keine Zeichen von irgendetwas Bösem oder Schönen. Die Taten, die ich vorgespielt habe, waren eine Dämonologie. Der Hass beschreibt viele Fakten, die Angst in meiner Seele beschreibt die Taten.

Durch meine Seele habe ich fremde Gedanken in mir. In meinem Unterbewusstsein haben sich Gedanken manifestiert. Das erzeugt die Aufregung meiner Seele. Die Gedanken, die in meiner Seele aufkommen, stellen sich plötzlich zur Schau. Ich stelle mir eine böse Seele vor, die etwas lernt, das nicht von unserer Welt ist. Sie stellt eine höhere Lebenskunst dar.

Die Seele akzeptiert alles, ohne irgendwelche Fragen zu stellen, und stellt sich immer wieder für eine neue Verwirklichung dar. Eine Tat nimmt sich das Außergewöhnlichste aus der Seele heraus und stellt es zur Schau, sodass andere Leute ohne Einschränkung darauf blicken können.

Dieser Charakter der Seele steigert sich in der Höhe zum künstlichen Dasein, von der Seele aus bis zum eigentlichen Charakter des Menschen, in dem der Mensch alles wahrnimmt. Dadurch wird der Mensch in eine Art Einbildung eingeweiht, die er alsdann mit der Realität verwechselt. Dadurch verfällt er in eine Illusion und erkennt dann nicht mehr die Realität.

Dies ist eine Täuschung für die Seele, denn dieser übersinnliche Lebenscharakter hat ursprünglich viele Möglichkeiten. Mit dem, was wir denken, und der Art, in der wir unseren Verstand benutzen – wir wirken durch unser Denken auf die Seele ein, in dem wir deshalb den Schwachpunkt der Seele erkennen müssen. Doch wir haben eine höhere Willenskraft, die unser Handeln steuern kann. Wann immer wir einen

Entschluss fassen, müssen wir wissen, dass es eine Möglichkeit gibt, den Entschluss zu ändern.

Nachdem unsere Taten vollzogen sind, haben wir keinen Einfluss mehr auf den Ablauf der Geschehnisse, die unsere Gedanken durcheinanderbringen. Immerhin aber haben unsere Gedanken die Gegenwart, in der wir standen, als Gewinner verlassen. Unabhängig von unserem Aufenthaltsort wissen wir, dass wir eine höhere Macht haben, die uns diese Welt grenzenlos erscheinen lässt.

Meine Gedanken über mich selbst erscheinen mir, als hätte ich wahrgenommen, dass ich von den Naturgesetzen weit entfernt bin. Ich steigere mich in eine Art moderne Welt, wie sie sich in meinem Denken abspielt und sich realitätsnah darstellt. Die Gedanken erscheinen wie Taten. Man müsste sie mit meiner Weltsicht vergleichen.

Die dämonische Abhandlung stellt sich wie eine Lehre vom Schönen und von meiner Seele dar, die über das Kritische hinausgeht. Es ist mir bewusst geworden, dass alles, was ich bin, auch das Anliegen der Welt ist. Jegliche Taten, die über Denken und Fühlen hinausgehen, spiegeln sich in einer Schicksalsform wider, da die Lebenseinstellung für mich wie eine Bestimmung geworden ist.

Ich werde in keinster Form gewarnt. Jedes Mal, wenn die Dämonen in meiner Nähe sind, beschäftige ich mich mit bösen Gedanken. Das Resultat dessen ist, dass ich jedes Mal Angstgefühle habe. Die dämonische Einwirkung auf meine Seele hat eine sehr große Macht. Ich übertrumpfe die dämonische Macht jedoch, indem ich nachdenklich das Dämonische ausspiele, obwohl wir mit dem Dämonischen geistig auf einem Level sind. Doch ich denke, dass erst unsere Lebenseinstellung beides gleichstellt, als würden wir in einer künstlichen Welt leben, ohne Einfluss darauf zu haben.

Es geht eine körperliche Wirkung von mir aus, sodass ich in meine wahre Realität nicht zurückehren kann. Das Kritische symbolisiert, was das Kritische am Leben in Wirklichkeit verursacht. Ich stelle mir eine Welt vor, in der ich die Naturgesetze spielend in meinen Griff bekommen kann.

Wie stehe ich der Welt gegenüber? Offen gesagt, war das Denken an die Welt mein schönstes Gefühl. Ich möchte hier aber nochmals erklären, dass ich heute zur Welt kaum noch eine gedankliche Beziehung habe. Das liegt daran, dass ich seelisch und geistig nichts mehr davon empfinde. Mit meinem Selbst bin ich heute nicht mehr im Lot. Auf einmal befinde ich mich in einem Leben, in dem ich die Regeln nicht mehr erkenne. Was ist das Leben tatsächlich? Ich sehe ein Leben, das mir eine neue Sichtweise aufzeigt.

Was ich sagen möchte, ist Folgendes: Das Leben ist von meiner Intellektualität sehr bewegt; wenn ich das Leben nach seinen Regeln untersuche und die Regeln in die richtige Hierarchie bringe, dann merke ich, dass ich intellektuell etwas geleistet habe. Ich sehe das als Teil meiner Verantwortung. Es zu verändern, bedeutet für mich, dass das Weltschicksal in meinen Gedanken viele Ursachen hat. Ich versuche, die Schicksale in mir zu verändern, und frage nicht, welches Schicksal zu mir gehört.

Die teuflischen Gedanken in uns auf allen Gebieten des Denkens stellen eine besondere Entwicklung dar. Durch das Denken können wir eine Art kritischen Einfluss auf unsere Seele haben. Dort beschäftigen wir uns mit unserem höheren Denken, das sehr wirksam ist.

Aus den Grundbegriffen von der menschlichen Entwicklung entwickelten wir Überlegungen, wie wir die Weltgesetze beherrschen können. Und aus unserer Gedankenarbeit entstanden viele unterschiedliche Lebenseinstellungen.

Die Weltseele kann sich problematisch im Bewusstsein halten, wenn wir unsere Meinungen durch sie nicht verändern. Die Weltseele sieht sich vielen fremdartigen Lebenseinstellungen gegenüber, und wir entwickeln die Überzeugung, dass der Mensch aus dem Wissen heraus und durch Überlegungen eine eigene Antwort finden sollte. Aber das ist schwierig, denn die Weltseele begreift nicht, mit welchem Gedanken wir arbeiten sollen. Wir haben uns bemüht und daher entdeckt, dass wir eigene kritische Überlegungen für ihre Regeln gehalten haben.

Doch hier geht es um die Frage, was wir sind.

Wir kennen unsere Bedürfnisse, obwohl wir uns selbst im Kontext satanischen Denkens darstellen. Eine neue satanische Welt geht von unserem Denken aus und geht auch von unserer Seele aus. Wir müssen es verarbeiten und müssen ein Ziel haben, um zu erkennen, was die höchste Macht ist. Bis dahin kann die Welt unser Schicksal ertragen. Wir gehen in die Zukunft und in dieser Zukunft werden wir über hellseherische Fähigkeiten verfügen.

Es ist meine Aufgabe, festzustellen, was den Weltcharakter ausmacht.

Die Botschaften und Signale, die ich vom Teufel empfange, sind deutlicher geworden. Das erste Mal verlangte der Teufel von mir, ich sollte in meinem Ort die Charaktere von Dämonen spielen. Als ich die charakteristische Ethik von Dämonen vorgeführt habe, konnte ich plötzlich gegen die Allgemeinheit wirken. Ich habe gesehen, wie verwirrt die Seele der Allgemeinheit war. Wenn die Dämonen mir ein Zeichen geben, dann weiß ich, dass das ein riskantes Spiel ist.

Die Zeichen der Dämonen sind oft aggressiv. Eine spielerische Macht soll ich im Ort verteilen. Sie bestätigen mir etwas, woran ich mich halten soll Das entspricht einer plötzlichen Wirkung in meiner Seele. Meine Seele kommt unter einen kritischen Einfluss. Die Hinweise sind böse. Das ist eine schwierige Aufgabe von den Dämonen, aber ich weiß nicht, wie sie mich sehen können und wie sie mich hören können.

Die gedankliche Kraft steigert sich ins Unermessliche. Ich habe die entsprechende Kraft der Dämonen in meine Seele aufgenommen. Ihre Intelligenz reicht bis in die Zukunft. Damit erreichen alle Seelen einen dämonischen Charakter. So sind wir weit von der Liebe entfernt. Ich sehe ein besonderes Spiel, das von der Seele ausgeht. Das ist dämonisches Leben, an dem ich mich beteilige, damit der dämonische Charakter noch verstärkt wird.

Aber nichts von dem, was ich dann tue, ist mir wirklich bewusst. Ich untersuche die Wirkung in meiner Seele, welche Kraft wir ausstrahlen – was ist ihr Ursprung? So entdeckten wir, dass die Dämonen wirklich in unserer Welt leben. Ihre Aufgabe ist etwas Besonderes. Sie sind sich bewusst, dass es einen Gott unter den Menschen gibt. Das ist ein liebevolles Schicksal. Es betrifft mich.

Das Schöne von mir wegzunehmen, ist mein Schicksal. Das Schicksal spielt Gott, und die Dämonen kennen Gott. Mich zu verfluchen, bedeutet, dass ich als Gottes Engel in satanische Kreise gekommen bin. Aber die letzte Kraft ist Gott, um alle Losungen des Lebens zum Wohlfühlen zu bringen. Ich brauche natürlich noch Zeit, um mich von der dämonischen Kraft zu lösen. In meiner Umgebung war Gottes Sohn, Christus. Seine Aufgabe ist es, mich vom Teufel zu erlösen und zu Gott zu bringen.

Hier geht es darum, dass ein Teufel mich trifft. Mit aller Kraft fühle ich mich wie ein Teufel. Wie soll ich Christus glauben? Ich brauche von Christus eine Macht, die größer als meine Person ist. Die heiligen Wörter von Christus bringen mich zum Denken. Er sagte mir in einer Abendstunde: „Verbrauche deine kraftvolle Energie nicht für das Böse, das Schöne ist deine wahre Aufgabe.“

Er sagte mir, noch vor zehntausend Jahren habe Gott mit dem Teufel geredet über die kommende Welt: „Alles, was du bist, ist in der Welt vorhanden. Ich erkenne deine große Liebe. Die war unendlich. Leider verkaufst du deine Seele dem Bösen, aber mach dir keine Gedanken, denn das ist dein Schicksal. Ein Engel bist du, der größte Engel, ein Auserwählter, und wir sind gekommen, um dich zu retten und zum Guten zu bekehren.“

Worüber soll ich mich freuen, wenn Christus als Mensch mir gegenübersteht und seine Macht zeigt? Soll der Teufel sich freuen? Wusstet ihr, was der Teufel ist?

Der Teufel gibt dem Menschen keinen Wert. Doch meine Seele erkennt die schöne Wahrheit. Ich sagte zu Christus: „Ich bin größer als du, denn die Welt soll einmal begreifen, ich habe mehrere Schicksale gehabt und dabei fühle ich keine Trauer. Ich frage mich selbst, wo ich stehe. Was ist mit meiner göttlichen Liebe? Wenn ich heute der Botschafter des Teufels bin, kümmert er sich dann um mich?“

Das ist Gott, er ist nicht traurig, dass er seine Engel verloren hat. Doch alle Engel erwarten von mir ein Zeichen, was Gott ist, weil ich der größte Engel bin, der in Gottes Höhe steht.

Was ist das Leben in der Realität? Was denken wir täglich? Ein Leben steht vor uns, und welche Hinweise geben wir dem Leben? Ist es ein Test? Gibt es Gott?

Gibt es eine unendliche Freiheit? Was müssen wir unternehmen, damit wir tatsächlich frei sind? Hat jeder Mensch einen göttlichen Funken? Sehen wir auf unsere Umgebung, sehen wir, was in der Welt geschieht. Was ist die Ursache für alle Katastrophen? Blicken wir auf uns selbst: Was beherrscht uns? Welche Gedankenformen haben uns von der Freiheit entfernt? Sind wir verflucht? Sind wir alle selbst Teufel?

Alles muss möglichst schnell gehen. In allem, was wir tun, soll Gerechtigkeit sein. Von welcher Gerechtigkeit sprechen wir? Die Urteile, die wir uns zubilligen, haben keinen Glauben und keine Liebe. Es ist wie ein Leben in der Hölle. Seht ihr das Teuflische nicht in der Welt? Dass er täglich in unseren Gedanken ist, er gibt uns seine zerstörerische Macht, die viel stärker als der Teufel ist. Was ist das Böse des Teufels? Sex, Lüge, Künstlichkeit, Habgier, Neid, Gewalt. Und umgekehrt: Was ist Gott? Liebe, Zuneigung, Fantasie, Freiheit.

Wir haben bereits festgestellt, dass die Seele unendliche Freiheiten gewährt und Wohlgefühl ist. In unserem Leben haben wir mehrere Möglichkeiten gehabt, der Seele eine konkrete Bedeutung zu geben. Wir haben die unendliche Liebe Gottes empfangen. Unsere Fantasie besteht in einem reinen Gewissen. So bestätigen wir uns als Teufelsengel, Gottes Botschafter. Unsere Welt ist dann erfüllt von unserem Glauben.

Doch auch das Anliegen der reinen Seele konnte nicht zur persönlichen Vereinigung mit Gott kommen. In meinem Leben gibt es einen Zeitraum, in dem ich alles wahrgenommen habe, als ich die Liebe in die Welt gestrahlt habe. Vergesse ich meine Liebe in meiner Fantasie, gibt es in meinem Denken Verzweiflung. So hat sich meine Seele gewandelt. Ich wollte eine andere Sicht auf das Leben erkennen, in meiner Fantasie gibt es ein Gefühl, in dem ich mein wahres Ich gesehen habe.

Ich wollte von den Wahrheiten nichts mehr wissen. Ich wollte nur eine Traumwelt erschaffen. Es bestehen Illusionen. Wie sie in mein Denken gekommen sind, kann ich nicht sagen. Tatsächlich hat der dämonische Einfluss meine Seele verwirrt. Ich wollte immer wissen, was mit mir jetzt geschieht. Ich wollte wissen, ob es einen Lebenszweck für alles gibt, was ich erlebe. Ich war so weit, ich lernte die andere Seite des Lebens kennen.

Oft habe ich mich selbst gefragt, wie ich mich so radikal verändern konnte. Wie wirke ich auf die Allgemeinheit? Wo ich gewirkt habe, beherrschte das charakteristische Spiel der Dämonen den Ort. Meine Sprache war ängstlich. Sie konnten wirken. Sie haben eine besondere Sprachentwicklung dargestellt. Das Sprechen ist ohne Denken. In der Sprache ist kein Gefühl. Sie empfindet keine Liebe.

Ich stelle mich höher als der Teufel. Wie der Teufel gegen Gott sprach. Seit meinem 13. Lebensjahr hatte ich Zukunftsvisionen. An deren Ende waren die Menschen alle teuflisch besessen. Sie zerstörten sich gegenseitig.

Wie ich gesagt habe, reichen mein Schicksal und mein Anliegen bis in die Ewigkeit. Was ist die Freiheit im Himmel? Was ist die große Sorge der Welt?

Meine persönliche Aufgabe, die Beziehung zum Guten und Bösen, hat meine Welt einigermaßen beherrscht. Die Gedanken, die ich ausstrahle, haben verschiedene Perspektiven. Es geht um drei Anliegen: die Weltregeln, und dazu zwei Gesetzmäßigkeiten zu Paradies und Hölle.

Das paradiesische Leben ist Gottes Freiheit. Es ist meine Aufgabe, sie zur Menschheit zu bringen. Die göttliche Freiheit habe ich gelebt. Alles, was ich bin, gehört auch den Menschen. Auch die Hölle ist ein Teil meiner bösen Gedanken: Hass, Schmerz, Leiden, Gewalt, die sexuelle Beziehung in der Hölle sind Teile meines gedanklichen Spiels. Als böse Gedanken setzen wir unsere Überlegungen über jedes Anliegen. So sind wir unsere eigenen Teufel. So begreife ich, dass die Welt ein Teil meiner Vorstellungen ist.

In unserem philosophischen Nachdenken hatten wir entdeckt, dass wir die unendliche Welt in unseren Besitz genommen haben. Unsere Blicke nehmen übernatürliche Dinge wahr. Doch ich versuche zu erfassen, dass die höchsten Gedanken eine seelische Wirkung haben. Von unseren Weltanschauungen ausgehend haben wir entdeckt, dass wir Kontakt bekommen haben mit der höchsten seelischen Kraft und hellseherischen Macht. So können wir diese ganzen Dinge auch gut erkennen.

Wir sind uns bewusst, dass Engel in elysischen Gefilden

uns mit Wohlwollen betrachten. Ihre ausgesprochene Freiheit wirkt positiv auf uns Menschen ein. Durch unsere Weltanschauungen haben wir hellseherische Fähigkeiten erlangt. Was tue ich? Was verändere ich in dieser Welt? Wenn ich mich zurückziehe, habe ich eine kraftvolle hellseherische Sicht auf mein Umfeld. Ich sehe, dass die Menschen in eine unnatürliche Fragestellung abgleiten. Ihr Seelenleben ist entfremdet.

Ich kann von der Liebe ablassen, wenn in meinen Gedanken etwas Anderes im Vordergrund steht. Die Verwirklichung driftet ab in diabolische, teuflische Gefilde. Dadurch blicken wir in das Höllenleben. Ich habe begriffen, dass es in einem Verstand eine enorme Rolle spielt. Ich denke sehr viel darüber nach. Darunter fallen unschöne Dinge wie Hass, Neid, Schmerz, Gewalt.

In der Hölle gibt es auch schön geistige Orte, an denen man denkt. Doch meine Seele verlangt, die menschlichen Hölleninsassen von ihrem traurigen Ort zu befreien und sie dem Himmel wieder nahezubringen. Jede Sünde in der Welt wird von Gott bestraft. Doch er übt viel Nachsicht mit uns. Was ist Sünde? Was ist Glaube?

In diesen Angelegenheiten fragte Christus mich, was für mich reiner Glaube bedeutet. Ich sagte Freiheit. Er sagte zu mir: „Der höchste Glaube ist die reine Liebe." Doch die Existenz des Bösen oder gar des Teufels bleibt immer und überall eine Tatsache. Irgendwie fühlte meine Seele damals das Wohlgefühl der Freiheit.

Was ich nicht wusste, dass hier der Teufel im Detail steckte. Wo auch die schönsten Engel Gottes mit den schönsten Stimmen sangen. Welche Rolle haben die Engel und was sind ihre Aufgaben? Ist das ein himmlisches Gewissen oder ist das eine irdische Aufgabe? Werden die lieblichsten Engel wiedergeboren? Ja, ihre Wiedergeburt wird vom Schöpfer gefördert. Worüber freuen sich die Engel?

Wenn der Satan sein teuflisches Spiel auf der Welt veranstaltet, so ist mein Dasein eine Bestimmung der teuflischen Gabe. In erster Linie habe ich das schöne Leben grenzenlos gelebt.

Damals war der Teufel der größte Engel, er war befreundet mit Gott. Doch er erklärte Gott seinen Widerstand, und Gott verwies ihn aus dem Paradies. Der Teufel sagte zu Gott: „Gib mir ewiges Leben! Ich werde die Menschen verwandeln und Sünde bringen." Gott sprach: „Lebe ewig und verlasse mich!" Gott sprach weiter: „Jeder, der dir folgt, erhält seine gerechte Strafe!" Zehntausend Jahre vergingen. Gott sprach wieder zum Teufel. Er sprach über mein Kommen in der Welt. Ich sollte teuflische Gaben haben, schöne Dinge in der Welt.

In meinem Ort war die göttliche Liebe so stark in meiner Fantasie verhaftet – meine Liebe war ein Teil von Gott. Ich wusste nicht, was Sünde ist. Nachdenkliche Tage widerfuhren meiner Seele. Das war Liebe, Freiheit und Fantasie. Ich war rein und hatte eine besondere Aufgabe. Doch davon wusste ich noch nichts.

Die Begegnung mit dem Dämon im Jahr 2000 war eine Bestrafung für mich. Doch die dämonischen Menschen wissen mehr als ich. Ich habe eine Aufgabe, dass den Dämonen bewusst wird, dass Gott mich auserwählt hat. Die tägliche Unterhaltung mit ihnen hat mich erst einmal auf falsche Gedanken gebracht. Aber ich habe Fehler gemacht, sodass ich nicht frei handeln konnte.

Drei Monate war ich mit den Dämonen zusammen. Meine Seele weint, sie ist sprachlos. Wohin ich auch blicke, ich empfinde nichts. Ich war nicht so. Meine Liebe ist entfremdet.

Klar, das Leben fordert einen, wenn wir nicht wissen, was im Leben auf uns wartet. Es bringt mich nicht voran. Jeden Tag zerbreche ich mir den Kopf, weil ich immer irgendetwas falsch mache. So ist mein Leben jetzt geworden. Zu welchen Lösungen werde ich jetzt kommen? Ich kann darüber nicht nachdenken, weil das Böse in meiner Seele sich ausbreitet und ich nicht weiß, wie das intellektuelle Böse vorgehen soll.

Es hat mich beeinflusst, ich möchte wieder zu schönen Gedanken zurückkehren, aber nein, ich bin mir nicht mehr bewusst, was überhaupt noch schön ist. Doch alle Gedanken laufen auf ein völliges Leiden hinaus. So geht meine Seele verloren in Künstlichkeit. Meine Seele hat keinen Raum mehr. Sie ist gegen die Welt eingestellt.

Ich lerne täglich neue Gedanken dazu. Und diese Gedanken lassen sich nachverfolgen bis in die Zukunft. Die Gedanken fordern etwas. Sie möchten die Realität infrage stellen. Jedes Verhalten und Tun ist gegen die Seele der Welt gerichtet. Ich mache, was ich sehe. In meinem Spiel beherrsche ich die Menschen.

Mein Spiel hat eine höhere und persönliche Wirkung und Überzeugung, mit der ich die Menschheit täuschen kann. Ich begreife die Menschen mit meinem Denken. Ich habe mich verändert, sodass ich nun weder Gefühle noch Liebe empfinde. Ich lebe von Tag zu Tag, und jeder Tag hat eine besondere Bedeutung. Ich bin auf diese Welt gekommen, um ihr Schicksal mit zu beeinflussen.

Gott kennt sowohl meine Identität als auch die des Teufels. Unsere Leben ähneln sich. Mit unserem Selbstvertrauen und unserem Selbstverständnis führen wir das menschliche Denken in eine künstliche, moderne Richtung. Bis heute sind wir uns dieses Denkens bewusst, und das hat sich für uns bewährt. Die Menschheit hat sich dadurch und dabei weiterentwickelt.

Mein Liebling

Im Glück ist meine Seele vollkommen.
Mein Liebling kommt heute Abend zu mir.
Sie ist alles Glück auf dieser Erde.
Ich fühle sie jeden Tag.

Sie berührt mich so.
Ein Lächeln von ihr ist mir wie ein Sonnenaufgang.
Ich wollte immer zu ihr sagen,
dass ich sie liebe.

Wenn sie bei mir ist,
lächelt der Himmel mich an.
Sie überschattet meine Finsternis.
Still kommt die Nacht.

In meiner Seele schlägt es tiefe Wellen.
Die Natur spricht mich an.
Ich schaue in die Morgenröte.
Selbst in der Ferne ist sie mir so nah.

Gott, wie begreife ich die Welt?

Ich träumte von einem schönen Leben.
Es ist eine gefühllose Welt.
Ich liebe sie.
Ich möchte alles andere vermeiden.

In meiner Seele ist ein tiefes Gefühl.
So weiß ich,
dass sie meine Geliebte ist.
Welt voller Leid,
Millionen Träume.

Die Liebe macht manchmal traurig.
Meine Seele hat oft von ihr geträumt.
Glaubt mir.
Mit ihr fühle ich mich so rein.

Meine Seele tief in der Nacht
träumt von ihr.
Sie kam in mein Leben
wie das Sonnenlicht.
Meine Seele leuchtet für die Liebe.

Liebeslied

Ich bin es, ich bin es.
Ein Engel dieser Welt.
Kommt auf meine Seite!
Ich begleite euch in den Himmel

Im Himmel ist alles still.
Ich denke an dich.
Die Liebesnächte treiben die Finsternis aus mir aus.
Fühlst Du die Liebe der Glückseligkeit?

Ich möchte keinen Engel fragen,
weil Du mein Engel bist.
Schön bist du heute Abend.
Mir ist Lust aufgegangen.

Schön bist du wie ein Engel.
Wie soll ich meine Seele fühlen ohne dich?
Du bist meine Nacht und mein Tag.
Ich kann dich fühlen.

Überall, im Himmel wie auf Erden.
Zusammen gehen wir in Gottesgegenwart.
Alles, was mich berührt, bist du.
Wie soll ich dich erklären?

Es gibt kein Wort für dich und deine Liebe.
Seelenleben im Paradies ist das höchste Glück.
Ich lief mit ihr im Paradiesgarten.
Die Engel kreisen über uns.

1) In der Stille der Nacht

In meiner Seele zieht die Nacht so schön
Verliebt sitze ich einsam unter der Linde
Fast unendlich fühle ich mich jetzt
So tief versunken ist meine Seele in Freiheit

In die Ferne begleitet mich meine Seele
Zum Himmel fliegt meine Fantasie
Der schneidende Wind erzählt von der Liebe
Und ich weiß, dass Liebe Glück ist

2) In der Hölle

Wenn die Zeit da ist
Werden wir in eine verfluchte Gegend kommen
Dieser Ort wird die Hölle sein.

Aus dem dampfenden Wüstensand
Steigen Pech und Schwefel auf
Die unbarmherzige Sonne brennt
Hernieder auf das dornige Gestrüpp.

Flirrend sehe ich in der Ferne Fantasien
Tanzende Geister, die keinen Schritt mehr tun
Vom Himmel stoßen Krähenschreie
Herab auf des Teufels Reich.

Für ein anständiges Leben
Können wir uns nicht mehr entscheiden
Jede Idee ist für ihn bestimmt:
Er allein kontrolliert diese Welt.

Der Teufel wirkt so weit.
Er muss es wohl ...

3) Die Liebe mit der Seele

Die Seele erhebt sich in den Himmel
Ich habe genug vom Himmelreich begriffen.
Ich fühle die Freiheit mit ganzer Kraft
Wo die Weisheit ist, so weiß ich,
Dass sie im höchsten Himmel
Wieder strahlend glänzt.

Meine Geliebte weiß nichts
Von meiner Gabe.
Sie soll begreifen,
Dass mein Schicksal von Gott kommt.
Sie soll mir treu bleiben.
Ich glaube daran,
Dass wir uns im Himmel begegnen.
Unsere Liebe geht bis in die Ewigkeit.
Gott hilft uns, lässt uns nicht allein.

4) Weil das so ist

Ich denke nicht mehr,
Weil das so ist.
Ich wollte immer lieben,
Weil das so ist.
Der Teufel ist glücklich,
Wenn sich die Menschen
Von Gott abwenden.

Was wir sind
Und was wir machen,
Weiß Gott allein.
Die Liebe kommt von Gott.
Sie wussten nicht,
Dass die Seele alles enthält.
Selig war der Engel.

Die Welt ist niedergefallen.
Die schöne Welt ward Hölle.
Wir haben das Paradies verlassen.
Wie Finsternis ist das Leben.
Es ist eine Strafe.
Kein Mensch weiß,
Was geschieht.

5) Die Liebe sagt alles

Es ist für mich ein unendliches Glück.
Meine Liebe blüht.
Als ich sie gesehen habe,
Schaute sie mich an.
Es ist schön,
Wenn sie in meiner Nähe ist.

Ich sehe mich um
Und sie ist entfernt.
Ich denke zurück
An die schönen Tage mit ihr.
Meine Seele hat einen Sinn.

In der Mitternacht ist alles still.
Die Liebe sagt alles,
Wenn die Seele unendlich ist,
Ist die Liebe unendlich.
Es ist ein schöner Tag,
Denn sie ist zurück.

6) Die Liebe ist anders

Ich erkenne, was die Welt ist.
Ich erkenne alle Liebe dieser Welt.
Ich fühle es, es war Gott,
Dass mein Leben voller Zeichen ist.

Ich schaue umher
Wir sind Gottes Kinder.
Die Schönheit liegt in unserer Seele
Wir sind die ewige Freiheit.

Die Liebe ist wie die Kräfte des Himmels,
Gottesgnade
Vergibt unsere Sünden.
Wir haben einen unendlichen Gott.

Ich fühle nicht nur, ich habe Gott gesehen.
Ich habe ein einziges Mal geliebt.
Meine Liebe zu ihr ist einzigartig.
Ich hoffe, dass unsere Liebe weiterlebt.

Ich habe ein einziges Mal
Das Paradies gesehen.
Ich sah meine Schwestern im Paradies.
Sie waren so glücklich.

Die Himmelsmenschen kennen mich.
Sie wissen alles von mir.
Die Liebe öffnet des Paradies' Tür.
Der himmlische Kuss ist die Weisheit.
Ich war im Paradies.
Das war der Kuss der Liebe.

Frag mich, wie das Paradies ist.
Denn ich weiß,
Dass es ein Traum Ort ist.
Die Liebe ist anders im Paradies.

7) Lebensphilosophie

Ich möchte verkündigen,
Dass ich ohne Geheimnisse leben möchte.
Ich habe einen Teil meines Lebens vorgespielt.
Es ist etwas in mir.

Mein Leben besteht aus verschiedenen Aufgaben
Das ist das höchste Schicksal,
Was auf der Erde Paradies
Und in der Hölle hervorgebracht werden kann.

Ich habe einmal erwähnt
Und ich erwähne wieder
Ich bin nicht einer von euch.
Ich bin in Gegenwart und Zukunft.

8) Lebensphilosophie II

Was ich bin und was ich sein kann,
Mein Dasein ist mir bekannt.
Liebe, Fantasie und Freiheit
Fehler, Sünde, Besessenheit
Ich kann dagegen nichts tun.

Ich habe sehr viel gelernt,
Ich habe sehr viel erlebt.
Was ist mein Leben?
Ich mache mir keine Gedanken.
Ich weiß es.

Mein Dasein ist geheimnisvoll
Mein Leben ist besonders.
Kein Mensch weiß,
Welche Vorstellungskraft ich besitze.
Ich sollte mein Denken vorbringen.

Als ich das tat,
Habe ich gemerkt,
Dass mein Denken höchstes Schicksal ist,
Die Seelische Wirkung ist ein Funke
Solch seelische Wirkung gehört allein mir.

Alles, was ich besitze,
Geht von meiner Identität aus.
Die ganze Sünde,
die ich beging,
Das ist nicht mein Selbst.

9) Wenn die Nacht so still ist

In meiner Seele zieht die Nacht so schön.
Ich habe unendliche Fantasie,
Wenn die Nacht so still ist.
Ich liebe die einsame Nacht.

Ich fühle mich unendlich
Die Freiheit in meiner Seele ist tief versunken
Wie schön ist die Natur.
Meine Seele begleitet mich in der Ferne,
Ich denke über das Leben nach.
Und ich weiß, dass Liebe so glücklich ist,
Ich fliege mit meiner Fantasie zum Himmel.

Süß ist die Liebe.
Der Wind erzählt von ihr,
Ich fühle ihn.
Unsere Liebe führt uns in den Himmel.
Lass die Liebe still kommen.
Wir erkennen sie, lass sie nicht warten,
Sie kommt aus der Ferne.

Diese Nacht erzähle ich ihr,
Wie hübsch sie ist.
Dieses Buch erzählt alles,
So rufe ich dich in Gottes Gegenwart.

Der Himmel geht nieder,
Mein Tag ist voller Glanz.
Ich bin so einsam,
Weil ich verliebt bin.

Ich möchte ihr vom Paradies erzählen,
Ich möchte ihr von Gott erzählen.
Ich habe sie geliebt.

Sie ist so süß.
Sie ist wieder da.
Meine Fantasien steigen in den Himmel.
Still ist, meine Seele.

10) Erklär mir alle Liebe

Ich weiß nicht,
In welcher Welt wir leben.
Weißt du, wie der Himmel ist?
Ich hoffe, dass Gott uns
vergibt.

Es ist ein schöner Traum,
am himmlischen Ort zu leben.
Oft im Traum sehe ich ihn.
In der Nacht fühle ich sehr tief
Unter dem gleichen Himmel.

Ich bin einsam und denke nach.
Gott hat uns geliebt.
Erklär mir alle Liebe, die ich nicht kenne.
Wie sich der blaue Himmel verfinstert,
Fühlst du ihre Liebe.

Sie ist einsam, sie ist ohne Gott.
Erkennst du Gottes Gnade?
Du darfst Gott nicht vergessen.
Möchtest du Gott kennenlernen?
Es ist die Liebe.

Die Gegend liegt still
Die Natur und die Nacht
Und die Menschenseele,
Sie fliegen für die Freiheit.
Gott entscheidet alles.

So traf ich einen hübschen Engel,
Es ist meine erste Liebe.
Meine Liebe zu ihr ist ewig.

Ich hoffe, dass wir uns
Im Himmel begegnen.

Meine Liebe ist wie ein bunter Himmel.
Ewiger Gott.
Sie ist meine Geliebte in diesem
Und im nächstem Leben.
Es gibt nichts Schöneres, als dich zu küssen.
Der Tag wird kommen,
Da der Himmel niedersinkt.

11) Gott ist mein Schöpfer

Ich kam in diese Welt hinein,
Voll Liebe,
Voll Freiheit.
Jetzt bin ich nieder gefallen.

Gott ist mein Schöpfer,
Er gibt mir noch Zeichen.
Gott ist die Liebe,
Gott besitzt selbst die Liebe.

12) Schuldig

Ich fühle jede Tatkraft übersinnlich,
Es existiert nur für bestimmte Zeit.
All meine denkende Kraft, die ich ausstrahle,
Ließ mich auf die Gegenwart blicken.

Dass ich meine Bestimmungen
Ohne Zweifel erfüllen konnte,
Dass ich selbst voraussehen konnte,
Dass meine Tat der Wahrheit entspricht.

Aber es geschah alles mit kritischem Denken.
So fühle ich mich schuldig.
Ich verfolge diese Gedanken mit höchstem Leid,
Weil mein jetziges Dasein anders ist.

Ich möchte mich selbst kennenlernen,
Ich möchte meine Taten nicht wiederholen.
Es ist mein Schicksal,
Dass mein Denken anders wirkt.

Ich bin mein eigener Schöpfer.
Mein Dasein war vom Ursprung bestimmt.
Ich habe einen anderen Gedanken verarbeitet,
Weil ich die Wahrheit anders erlebt habe.

Es ist ein anderer Gedanke,
Ich fühle durch meine Seele etwas Bestimmtes,
Was ich mir vorstelle.
Es ist eine fremde Tat,
Die aus meinem Denken hinausgeht.

13) Kritische Gedanken

Alle meine Beweise führen mich
In eine pessimistische Richtung.
Ich plane alles voraus,
Mit mehreren Erkenntnissen.
Sie soll aber durch mich nicht
In Schwierigkeiten kommen.

Es ist etwas,
Das ich nicht selbst beeinflussen kann.
Es ist der Beginn
Eines neuen Lebens.
Es ist ein höheres Dasein.
Es ist nicht von dieser Welt abhängig.

Ich fühle mich zu einem anderen Gefühl genötigt,
Empfindungsgefühl und kritische Gedanken.
Es ist eine pessimistische Sichtweise,
Bei der ich mir eine neue Sichtweise vorstellen kann.
Es ist eine neue Begründung
Für das Schicksal der Welt.

Ich kann nicht durch meine
Empfindungen darstellen,
Diese Empfindungen sind mir fremd.
Wenn mein Leben mir fremd ist,
So ist jede Eigenschaft verloren.
Dies ist nicht von mir abhängig.

Diese Erkenntnis liegt in der Welt begründet,
Die ich nicht stärker beeinflussen kann.
Da fühle ich mich gezwungen,

Meine Empfindungen zu überlegen, von allen Seiten.
Diese Kraft ist ganz anders, es ist eine Tatkraft,
Die wahrgenommen werden kann.

14) Gott und Teufel

Ich möchte über Gott
alles wissen.
Doch Gott lebte in mir.
Ich sah Gott einsam.

Meine himmlische Seele ist
In Gottes Höhe aufgestiegen.
Ich möchte über den Teufel alles wissen.
Ich möchte seine guten Seiten erleben.

Doch er war volllieb.
Ich erkenne den Teufel durch meine Liebe.
Ich fasste Hass.
Ich hatte grausame Gefühle.

Die Gefühle brachten mich in Teufelshöhe.
Ich habe die Hölle erlebt.
Die höllischen Taten sind in dieser Welt vorhanden,
Mit niederen Gefühlen.

Ich verstehe den Teufel,
Ich habe den Himmel gefunden.
Ich kann jetzt wünschen.
Ich sehe sie, ich fühle sie.

Ich sehe durch mich eine radikale Veränderung.
Ich hatte Visionen.
Ich sah eine seelenlose Gegend.
Ich wusste, dass die Menschen künstlich tot waren.

15) Ich habe, ich weiß, ich sehe

Ich habe den Teufel entdeckt.
Ich habe mein Wissen über ihn genug verwendet.
Meine Lebensabsichten gehören dem Glauben.

Ich habe andere Lebensabsichten gesehen,
Ich habe mein Wissen wiederholt.
Ich habe meine Gedanken in eine
Übersinnliche Richtung getragen,
Ich habe verschiedene Taten wiederholt.
Ich habe viele Beweise, dass mein Denken
Und Wissen anders ist als ich.

Ich habe meine Erkenntnisse zusammengefasst.
So bestreite ich mein Dasein.
Wofür bin ich fähig?
Es ist schon Vergangenheit.
Ich habe den ursprünglichen Teufel erlebt
Mit guten und bösen Seiten.
Auf jedem Weg stand er.

Ich habe drei verschiedene Lebensaufgaben,
Ich habe oft verzweifelt.
Die Wahrheit konnte ich nicht ertragen.
Ich habe verschiedene Einbildungen erlebt.
Ich habe das Leben geprüft
Und wieder geprüft.
So sah ich die Hölle.

Ich hatte übersinnliche Visionen,
Ich habe das Leben in der Hölle gesehen.
Ich hörte die Stimme des Teufels.

Er hat mich gelehrt.
Wie konnte ich solche Gedanken besitzen?
Ich war überzeugt von mir gewesen,
Welche Kräfte ich hatte.

Ich weiß wohl,
Wie ich die Welt beherrschen konnte.
Ich habe meine Taten wiederholt.
Ich habe die Allgemeinheit erlebt,
Wie sie mir Wert gegeben hat.
Ich weiß wohl,
Mit welchen Kräften ich vorgehe.
Ich sehe in der Allgemeinheit
Eine seelische Aufregung.
Ich sehe meine Gedanken in der Gegenwart.
Ich bin eine höhere Person,
Als das Weltgesetz.
Ich habe meine Gedanken geachtet
Und wieder geachtet.

Meine Seele war künstlich erzeugt.
Ich wollte ein neues Leben begründen.
Ich sehe die Hölle und verleugne sie.
Ich sagte der Allgemeinheit,
Ich bringe euch ins Paradies.
Die höllischen Menschen wären überrascht gewesen.
Ich möchte jetzt wissen, wer Gott ist.

16) Lebensschicksal

Ich habe kein Wissen über die Vergangenheit,
Aber ich weiß Vieles.
Ich habe die Liebe
Bis zu einem Punkt betrachtet.
Ich war verzweifelt.

Ich habe mich radikal verändert.
Meine Gedanken waren in einer fremden Dimension.
Ich habe über das Leben Fragen gestellt.
Meine unendliche Liebe
war fort.

Ich wollte mehr wissen über meine Dämonen.
So beginnt ein geheimnisvolles Spiel,
In dem ich nicht wusste, was geschieht.
Ich wollte meine Liebe wieder zurück.

Meine Seele wurde künstlicher,
Ich war traurig und ängstlich.
Ich habe über die Wahrheit Fragen gestellt,
Es war eine andere Wahrheit,
In der ich alles beherrschte.

Ich bin so mächtig wie ein Gott.
Als ich die Lehre begriffen habe,
Konnte ich wirken.
Ich brachte meine Seele in
Eine andere Dimension.

Es war einmalig.
Ich wusste,

Dass ich weit wirken konnte.
So wurden meine Gedanken zur Tat
Und der Teufel sprach mit mir.

Er sagte „Ich bin dein Gott, folge mir nach.
Du wirst beherrschen.“
Ich verstand, es gibt eine Wiedergeburt.
Die Kraft war in mir
Und ich bewegte die Welt als Schöpfer.

17) Lebensschicksal II

Ich, himmlische Seele
Stehe in Verbindung zu den Menschen.
Ich erkenne meine Seele als rein,
Aber am wichtigsten ist,
Zu existieren, was geschah.

Als meine reine Seele aufgestiegen war,
War mein Dasein eine teuflische Identität.
Mein Schicksal kam von Gott.
Ich habe Gottes Gegenwart verlassen,
Weil ich keine Liebe und Freiheit empfinde.

Ich bin mir bewusst,
Dass ich zwischen Gott und Teufel stehe.
Wenn ich die höchste Gottheit erleben kann,
So weiß ich
Das Dasein kehrt zu Gott zurück.

Diese unendliche Macht
Ist von göttlicher Identität.
So erhalte ich neuen Charakter.
Es geht um Werte und Wohlfühlen.

Ich erkenne den teuflischen Charakter,
Er ist ein künstliches Erlebnis.
Ich sehe jede Veränderung,
Ich spiele gegen meine Identität
Und versuche, dass die Menschen gottgleich sind.

Ich weiß eins:
Dass die Welt im Mittelpunkt steht,

Dass die unendliche Freiheit noch
Nicht vorhanden ist.
Meine himmlische Seele ist gottgleich.

Ich habe die unendliche Freiheit
Ein einziges Mal erlebt.
Die himmlische Seele war ein Signal
Alles, was ich bin,
Sind Welt, Paradies, Hölle und Zukunft.

Meine Person hat keinen Kontakt mehr
Zu meiner himmlischen Seele.
Das bedeutet:
Ich habe die Aufgabe fast beendet.
Doch es gibt noch bestimmte Aufgaben.

Gott ist sich bewusst,
Dass mein Dasein
Eine neue Freiheit
begründen kann.
Ich kann die Welt befreien.

Ich habe die Weltseele
Im Himmel genommen.
Jeder Mensch sollte die Freiheit wahrnehmen,
Die gottgleich ist. Ich sah die Zukunft
Und eine tiefe Freiheit in den Menschen.

18) Philosophie

Mein erstes Dasein ist die Liebe
Mein zweites Dasein ist übersinnlich.
Ich verfolge mein Dasein.
Und ich bin mir bewusst,
Dass die Welt von mir abhängt.

Mein Dasein gehört allein Gott
Es ist nicht meine Aufgabe,
Was in der Welt passiert
Ich begründe nur
Freiheit, Liebe und böse Ursachen.

Das Leben steht mir gegenüber
Was ich bin
Und was ich sein kann,
Die Taten habe ich selbst erlebt.
Jeder Mensch ist für sich verantwortlich.

Meine Schriften haben als Autor
Einen Sinn.
Die Welt ist von der Wahrheit entfernt.
Es ist unsere Aufgabe,
Eine neue Welt zu begründen.

Der Freiheitszustand hängt mit
Der Seele zusammen.
Wenn die Seele künstlich ist,
Kann Gewalt die Menschen
beherrschen.

19) Ich habe keine Seele

Ich habe keine Seele,
die lieben und fühlen kann.
Und doch trage ich Gott in mir.
Gott rief mich zum Berg.
Als ich dort war,
habe ich Gottes Stimme gehört.
Er rief laut,
ich hatte Angst.
Gott wusste, was mit mir geschieht.
Das ganze Leid sollte aufhören.
Ich wurde geboren mit Gottes Segen.
Ich trage alles in mir:
das Paradies
die Hölle
die Welt
die Zukunft.

20) Was tust du, Gott?

Was tust du, Gott?
Siehst du denn nicht, was in der Welt vor sich geht?
Ich war dein Engel,
du hast mich verbannt
und einen gefallenen Engel aus mir gemacht.
Ich verlor alles,
meine Liebe und meine Fantasie.
Was tust du, Gott?
Ich empfinde absolut nichts.
Es ist meine Aufgabe, die Welt zu beschützen.
Du hast mich getötet
und du erwecktest mich wieder
als großen Engel mit neuer Kraft,
mit guten und mit schlechten Seiten.
Ich erkenne deine Weisheit.
Ich glaube nicht,
dass du mich verlassen hast.
Aber ich glaube,
die Welt ist die Hölle.
Und weil ich die Hölle kenne,
möchte ich nur Gutes tun.
Aber ich erkenne Dich nicht mehr.π
In meiner Seele tobt ein Gewitter.
Ich lebe mein Leben nach deinem Plan.
Mein Leben was das Paradies.

Sie ist schöner als ein Engel

Die Nacht verlangt von mir dich.
Wenn ich in deiner Umgebung bin,
schaue ich die Gegend an.
Ich war in der Nähe deiner Wohnung.
Dein Haus ist für mich heilig.

Du bist weltsüß,
die hübscheste Frau der Welt.

Die Welt begreife ich nur mit dir.
Ohne dich ist alles Leere.
Gott, Himmel und Paradies –
alles ist sinnlos ohne dich.
Ich bete zu dir, weil ich dich mag.

Du bist schöner als ein Engel.
Ich kenne meine Engel.
Ich kenne Gott.
Ich kenne alles.
Aber dich liebe ich mehr.

Liebe

In meinem Tag bist du.
Den Tag soll ich dir noch erzählen.
Du bist fern, ich leide.
Ich spreche seelisch zu dir.

Gottes Absicht ist, dass ich sterbe.
Dann sehe ich dich vom Himmel
an jedem Tag wieder.
Ich liebe dich.
Bleib mir treu.
Weil die himmlische Liebe so schön ist.

Du bist meine erste Liebe.
Frag mich nicht,
wie oft ich an dich denke.
Mein Gefühl dieser Liebe ist EWIG:
Weil ich dich im Jenseits wiedersehen werde.

Ihre Lippen waren mir nah.
Vielleicht spielt sie mit mir.
Ich weiß nicht.
Meine Geliebte, erkenne den Gott.
Gott entscheidet alles über dich.

Deine Bilder in mir.
Meine Hoffnung erstreckt sich bis ins Paradies.

Du und ich

Du bist meine Blume,
die Rose meines Lebens.
Du blühst immer.
Dein Name ist heilig für mich.

Ich bin einsam ohne dich.
Ich schaue zurück und denke an dich.
Meine Seele träumt von dir,
und in meinem Innern geht ein Licht auf.

Du bist das Allerwichtigste in meinem Leben.
Ich habe sogar Gott vergessen.
Und bete zu dir.
Dein Gesicht ist so schön wie der Himmel.
Dein Schatten ist an jedem Ort.

Ich bin glücklich in deiner Nähe,
ich habe dir eine Rose überreicht.
Mein Leben ist die Liebe.

Vielleicht können wir unsere Liebe nicht leben,
aber im Jenseits sind wir Ewige Liebe.

Liebe Seele Gott

Einmal leben,
Einmal glücklich sein –
das ist Gott.

Die Welt hat ihre Liebe nicht verstanden.
Möchtest du eine göttliche Seele haben,
dann solltest du die Liebe betrachten.
Die Freiheit ist die Liebe.
So liebst du Gott.

Die Liebe ist in der Ferne.
Das Blau des Himmels ist die Liebe.
Der Himmel ist eine Seele.
Gott bewegt alles.

Mein Schatz ist besonders.
In der Nacht habe ich geträumt von der Liebe.
Ich habe sie gesehen und ich habe sie geliebt.

Wenn du sagst,
dass du ins Paradies kommst,
wenn du über Gott urteilst,
so verleugnest du Gott.
Die Engel wissen alles.

Gesegnet

Sei gesegnet, mein Schatz.
Gott hat die Welt verlassen
und schaut dich an.
Die Sterne leuchten für dich.
Der Himmel erwähnt deinen Namen.

In jeder schönen Nacht denke ich an dich.
Komm, mein Engel.
In meinen Träumen sehe ich dich.
Es ist die wahre Liebe.
Meine Gefühle sind für dich.

Leg dich ruhig zu Bett
und schaue die Wolken an.
Sprich mit Gott.
Gott hört dich.
Weil Gott dich liebt.

Ich weiß nicht, was geschieht.
Ohne dich ist mein Leben eine Leere.

Weil die Liebe ewig ist

Die Liebe, die ich kannte,
ist jetzt mit Leid verbunden.
Doch meine Liebe strahlt bis zum Himmel.

Es ist traurig,
wenn ich meine Liebe nicht erklären kann.
Die Liebe ist die Gottheit.

Ich stehe mit meiner Liebe in den Wolken.
Das Leben ist ein Traum
und die Liebe ist schön.

Gott ist in unserer Seele.
Alles beginnt mit der Liebe.
Wir können ohne Liebe nicht leben.

Meine Liebe zu ihr ist
keine Täuschung.
Es ist die Wahrheit.

Meine Gefühle steigen bis zum Himmel.
Der Himmel bedeutet für mich alles,
weil die Liebe im Himmel ewig ist.

Jeder ist ein Engel.
Alles beginnt mit der Liebe.

Liebe leben

Der liebe Gott gibt mir meine Liebe.
Liebe bedeutet mein Leben.
Das Leid ist meine Engelsaufgabe.
Durch mich ist Liebe entstanden.
Ich liebe sie.
Sie ist engelsgleich.
Es war eine schöne Zeit mit ihr.
Sie ist in meiner Nähe.

Meine Seele und meine Liebe
wohnen im Himmel
Gott hat ihr eine schöne
Ausstrahlung gegeben.
Das Leben ohne sie ist sinnlos.
Wenn sie nicht bei mir ist,
leide ich und weiß nicht wohin.
Komm, mein Engel. Gott sieht dich.

Sie ist für Gott sehr wichtig.
Wenn ich sie sehe,
bebt meine Seele.

Ich schaue in die Ferne.
Die Wolken und die Berge sprechen mit mir.
Ich reiche ihr meine Hand.
Sie lächelt und spricht mich an.

Meine Liebe ist ungeduldig geworden.
Der liebe Gott bringt uns zusammen.
Ich hoffe, ich sehe sie im Himmel.

Geheimnis in der Liebe

Ihr liebt mit mir.
Ihr fühlt mit mir.

Die Liebe kenne ich sehr gut.
Die Liebe hat viele Aufgaben.
Es gibt keine ruhige Stunde.
Die Liebe bringt dich in die Natur.

Dort bist du Gott nahe.
Rede mit Gott.
Erzähle, wie du liebst.
Ich erzähle euch meine Liebe.

Meine Liebe ist geheimnisvoll.
Sie hat kein Wort und keine Frage.
Sie kommt und geht.
Meine Liebe ist Leid geworden.

In der Finsternis fühle ich mich nachdenklich.
Ich sehe sie überall.
Ihr Spiegelbild steht vor mir.

Für die Liebe soll ich sterben.
Gott kennt meine Liebe.
Komm, süßer Tod, befreie mich.

Die Liebe hört nicht auf

Die Liebe ist überall –
im Himmel, in den Bergen, in der Stadt und in der Ferne.
Die Liebe bringt einen fantasievollen Tag.
Schöne Träume in der Nacht.

Die Liebe hört nicht auf.
Der Tod lebt weiter.
Und die Liebe lebt weiter.

Die Liebe bringt den Himmel auf die Erde.
So geht es mir heute.
Sie ist so hübsch.
Sie hat das Strahlen eines Engels.

Ihr Ort ist mein Paradies.
Ihr Verhalten
bringt mich zum Denken.
Sie lächelt täglich.

Die Liebe hört nicht auf.
Der Tod lebt weiter.
Die Liebe lebt weiter.

Die Tür zum Paradies

Ich liebe sie.
Das weiß allein Gott.
Meine Liebe reicht bis zum Himmel
und strahlt auf die Erde.

Sie soll ein Engel sein.
Das ist mein Wunsch.
Gott hat mir diese Liebe gegeben.
Gott hat sie für mich bestimmt.

Ich glaube an die Ewige Liebe.
Glückliche Menschen lieben Gott.
Das weiß ich.

Die Menschen folgen Gott.
Die Liebe macht die Tür zum Paradiese auf.
Die Liebe bringt dich zu Gott.

Liebe den Himmel.
Liebe das Paradies.
Deine Zeit wird kommen.
Jung und schön bist du im Himmel.

Meine Liebe zu ihr

Die Liebe hat verschiedene Aufgaben.
Treue, Glück und Gefühle sind das ganze.
Meine Liebe bebt.
Und die Berge sprechen.
Die Wolken sinken nieder.

Meine Liebe ist geheimnisvoll.
Wieso, weshalb ist das so?
Meine Seele spricht mit ihr.
Meine Worte versagen.

Sie ist wieder da.
Meine Gedanken gehen in die Leere.
Meine Seele ist aufgeregt.
Es ist alles still.

Meine Seele spricht mit ihr.
Meine Worte versagen.

Ein anderes Leben

Gott ist barmherzig.
Gott ist ewig.
Die Wahrheit bin ich.
Meine Aufgabe als Engel kommt von Gott
und bringt ein anderes Leben in die Welt.

Ich bin der feinste und reinste
von allen Engeln.
Ich habe einen Gott.
Und alles andere hat für mich keine Bedeutung.
Das Leben muss ich lieben.
Und ihn wahrnehmen.
Wie er ist.

Ich bin auch ein böser Engel.
Ich muss das böse Leben von der Welt wegbringen.
Ich muss wieder ein guter Engel sein.

Das Böse zerstört mich
und bringt in die Welt viel Leid und Tod.
Das ganze soll aufhören.

Gott und Freiheit

Nur Gott und die Seele will ich kennen,
denn ich habe Gott und die Seele erkannt.
Es ist deutlich geworden,
dass ich Gott der Philosophie bin.
Die Freiheit von Gott zu entwickeln, ist meine Gabe.
Ich habe Gottes Freiheit für die Welt erlebt.

Ist die Welt ein Teil von mir?
Ich habe die Liebe in die Welt gebracht.
Ich bin mit euch noch nicht fertig.
Meine Aufgabe ist,
dass der Mensch wie ein Gott fühlen soll.
Ich bin euer Gott.
Dass ich die Natur in Bewegung gebracht habe.

Gott ruft mich in seine Gestade.
Was bedeutet das?
Ich bin der Menschliche Gott.
Ohne Engel wird es keine Liebe geben.
Ich bin der größte Engel von allen Engeln.
Ich habe einen neuen Gedanken zur Welt gebracht.
Gott verlangt von mir,
dass ich ein Gott bin.

Es ist unglaublich,
dass der Schöpfer
alles mit meiner Willenskraft begründet hat.

Liebe den Himmel

Du bist ein Engel,
Du bist bei mir.

Liebe den Himmel, Liebste!
Dich erwartet ein fantasievolles Erlebnis.
Du wirst glücklich sein.
In diesem Leben und im Paradies.

Komm zu mir.
Ich sehe in dir die Ausstrahlung eines Engels.
Du bist nicht von dieser Welt.
Besprich mit mir die Wahrheit.
Ich schaue durch deine Seele.
Ich sehe, dass du voll Gefühl bist.
Ohne dich gibt es keinen Himmel und keine Erde.

Du bist von Gott gesandt.
Du bist mein Engel.
Wenn ich bei dir bin,
fängt meine Seele an zu träumen.
Mein Schicksal bist du,
weil ich an dich denke.
Sage mir, dass du ein Engel bist.

Bei mir sollst du bleiben,
Meine ewige Liebe.
Ich gebe dir den Himmel,
Ich liebe dich, lieb für immer.

Lass uns scherzen

Mit deinen schönen Augen
lass uns scherzen.
Wie süß ist die Liebe –
und in deiner Nähe zu sein!

Lass uns mit der Liebe spielen.
Erzähle mir alle Liebe,
die ich nicht kenne.
Gib mir alle Liebe dieser Welt.

Ich möchte dich gerne küssen.
Deinen Blick
kann ich nicht vergessen.
Darin erkenne ich Göttlichkeit.

Keiner kann mir auf der Erde
die Liebe erklären.
Nur mit dir
begreife ich die Liebe.

Traurige Liebe

Traurige Liebe,
die sich so gern
zu mir gesellt.

Ich klage jeden Tag.
In der einsamen Nacht
bin ich still.

Und schaue die Wolken an.
Und begreife es nicht.
Wohin soll ich gehen?

Was soll ich tun,
dass ich sie wieder treffe?
Alles ist finster.

Hörst du die Stille?
Die Wolken weinen
und es regnet.

Es waren schöne Tage
mit ihr.
Doch sie ist weg.

Hörst du die Stille?
Die Wolken weinen
und es regnet.

Gott hat dich lieb

Liebling, träume weiter.
Ich werde in deinen Träumen erscheinen.
Sei geduldig, denn du brauchst Zeit,
dass deine Seele wieder lachen kann.

Du weißt, was in der Welt geschieht.
Warte, das Leben wird noch schöner.
Du hast Zeit. Und Geduld ist die schönste Methode.
Denn du kannst alles erreichen:
Liebe, Freiheit und das Paradies.
Dich erwartet ein schönes Leben.

Vorsicht auf deinem Weg.
Wähle nicht so schnell,
denn nur der Teufel tut alles schnell.
Und er hat kein Mitleid.

Gott hat dich lieb.
Gott ist immer bei dir.
Zweifle nicht, bleibe auf dem geraden Weg.
Wende dich vom falschen Weg ab.
Zweifle nicht, denn du bist gesegnet.

Du bist das Licht. Du kannst glücklich sein
in dieser Welt und im Jenseits.
Dein Schicksal ist bestimmt.
Enttäusche Gott nicht.

Meine geliebte Frau

Meine geliebte Frau ruft meinen Namen.
Sie hat mich gelehrt,
was Liebe ist.
Ich liebe sie. Ich liebe ihre Seele.

Wir waren miteinander,
und ich berührte ihre Schulter.

Meine geliebte Frau,
ich überreiche dir eine Rose
in deinem Bett.
Gott hat sie besonders geschaffen.

Doch wie soll ich meine Seele fühlen,
wenn ich sie nicht berühre?
Meine Schwestern im Paradies, sie
denken an mich – und sind so frei.

Meine geliebte Frau, ich bringe dir
das Paradies
auf Erden.
Das ist mein Traum.

Ich bin so sanft erwacht,
weil ich meine geliebte Frau im Traum gesehen.
Ich möchte sie halten und küssen –
die Engelgleiche.

Gib mir Kraft, Geliebte

Sprich mit mir!
Du kannst alles erzählen.
Geliebte, weshalb betest du?
Betest du für die Liebe?

Bist du einsam?
Mein Leben wohnt bei dir.
Gib mir deine Hände,
denn sie sind der Ort meiner Gedanken.
Das ist dein Ort.
Dort denke ich wie ein Engel.

Gib mir Kraft, Geliebte,
damit ich nicht zweifele.
Bitte, lächele noch einmal, Geliebte,
und lass uns zusammenbleiben.

Als ich dich gesehen habe,
da hast du geweint.
Dein trauriges Gesicht bricht mir das Herz.
Doch ich habe noch Hoffnungen:
Wir kommen zusammen.

Wo bist du?
Was machst du?
Bist du glücklich?
Ich liebe dich so sehr.

Erzähle mir deine Stille

Warte auf den Morgen.
Ich komme zu dir.
Ich komme in deine Umgebung.
Erzähle mir deine Stille.

Jetzt, da du bei mir bist,
schenke ich dir meine Seele.
Es ist nicht wie damals.
Heute liebe ich dich mehr.

Ich denke an dich wie an einen Engel.
Ich liebe deinen Körper.
Ich sehe dich und träume.
Ich liebe dich.

Auf welcher Seite stehst du?
Ich möchte auf deiner Seite stehen.
Fühlst du meine Seele?
Wie aufgeregt meine Seele ist?

Ich liebe dich.
Du bist in meinen Gedanken.
So wird es immer sein.

Es ist Liebe

Aus meinem Leben will ich
dir erzählen.
Doch die Erinnerungen
liegen auf deinen Lippen.

Meine Träume kenne ich.
Ich sehe dich häufig in meinen Träumen.
Doch natürlich kenne ich
keinen außer dir.

Wir sind zwei, du und ich. Es ist Liebe.
Ich sehe dich in meinen Träumen.
Doch ich kann nicht zu dir gehen,
weil der Abschied mir schwerfällt.

Ich möchte dich in meiner Seele tragen.
Nur dich.
Denn du bist einzigartig.
Frag mich nicht, wie oft ich von dir träume.

Ich möchte Dein Lächeln wieder hervorrufen.
Miteinander schauen möchte ich
und unser strahlendes Glück
wieder erwecken.

Der erste Kuss

Der erste Kuss war so nah.
Was soll ich tun?
Alles, was ich liebe,
lebt bei ihr.
Auch ich möchte in ihrer Welt leben.
Unsere Liebe ist nicht weit.
Von Seele zu Seele.

Die Erde dreht sich
nur ihretwegen.
Die Welt kann an uns nicht zweifeln.
Ich kenne ihr süßes Lächeln.
Sie ist meine Freiheit.
Wie ist es also möglich,
dass ich sie weggehen ließ?

Ich kann ohne sie nicht scherzen –
nicht glücklich sein.
Wieso ist alles leer in mir?
Süßes Leben wurde zu Finsternis.
Ohne sie gibt es
keinen Glauben.
Sie ist mein Glaube.

Ihr Blick war so sanft

Wenn's dem lieben Gott gefällt,
dass ich von ihr getrennt lebe,
dann sollte Gott fühlen,
wie ich sie liebe.

Es geht nicht vorbei.
Ich werde sie immer lieben.
Auf der Erde und im Jenseits.
Wenn ihre Lippen sprechen,
weinen die Engel.
Gott, der die ganze Welt sieht,
Gott sieht nur sie.

Meine Seele ist voll entflammt.
Ihr Blick war so sanft.
Wenn ich erwache,
ist sie mein erster Gedanke.
Sie hat mir ihr Herz geöffnet.
Darum liebe ich sie.
Ewig ist ihr Name.

Ginge sie weg,
die Welt würde leer.

Hölle und Paradies

Wie viele Menschen habe ich ins Grab gebracht?
Die Antwort kennt nur der Himmel.
Schuldig – nicht schuldig,
Hölle und Paradies.

Was geschieht jetzt?
Ich träume von Finsternis.
Die Weltseele ist düster,
ganz allein ohne Gott, ohne Teufel.

Wo ist die Liebe?
Weine nicht!
Sei nicht traurig!

Weine nicht, Engel!
Ich nehme dein Leid weg
und bringe dich an
einen schönen Ort.

Dort sind die Liebenden
so glücklich,
dass ich in manchen Nächten
ihre Gesichter im Mond sehen kann.

Sie lag neben mir und
schlief so schön.
Ich berührte sie und
sprach sie an.

Die Ewigkeit zerfällt

Ihre Lippen sprechen so süß.
Der Engel Lieder hörte ich,
wenn sie sprach.
Es war ein tiefes Gefühl.
Und zugleich
ein Totenlied für mich.

Den süßen Tod fühle ich,
wenn die rötlichen Wolken strahlen.
Ich habe Gott belogen.
Ich habe gesagt,
ich werde sie vergessen.
Aber nein:
Ich denke an sie, jeden Tag.

Ich bin verzweifelt.
Habe keinen Anfang, kein Ende.
Meine Liebe geht bis in die Ewigkeit.
Doch die Ewigkeit zerfällt,
und meine Liebe strömt hinaus.
Ich habe keinen Anfang, kein Ende.

Weil sie weg ist

Mein Tag,
meine Nacht,
mein Leben,
mein Traum,
mein Schicksal –
sie ist alles.

Ohne sie lebe ich in der Leere.
Sie hat die Liebe begriffen,
aber ich habe die Liebe
noch nicht begriffen.
Weil sie weg ist.

Mein lieber Engel,
sage es mir:
Was macht sie?
Gestern habe ich sie noch umarmt.
Jetzt ist sie weg.

Mein Engel,
sage es mir:
Hast du meine Geliebte gesehen?
Wo ist dieser Engel,
den ich so geliebt habe?

Alles, was ich möchte

Wenn meine Gedanken
sich bewegen,
werden die Wolken finster.
Oh, wie ich dich liebe!

Glücklich bin ich nur mit dir.
Bist du nah, bist du fern.
Wenn ich fühle,
weinen die Wolken.

Die rötlichen Wolken
erwähnen
meine Liebe.
Meine Gedanken
sind bei dir.

Alles, was ich möchte,
ist mit dir
zusammen
zu sein.

Meine Seele leidet.
Du bist weg.
Die Liebe in mir trauert.
Meine Gedanken sind still.
Ohne dich fühle ich
kein Glück.
Ich rede
kaum.

Himmlischer Engel

Wie schön schläfst du, Engel!
Alle himmlischen Engel
lieben dich.

Du bist meine erste Liebe.
Deine traurigen Tränen
machen mir Sorgen.

Keine Trennung mehr, Geliebte!
Die Liebe ist ein unendliches Gefühl.
Mit deiner ewigen Liebe gehen wir zu Gott.

Genug vom Leiden.
Nimm meine Seele.
Ich gebe dir meine Seele.

Ein Kuss von dir ist ewige Freiheit.
Wie heute, wie morgen –
ich liebe dich jeden Tag.

Und denke an dich.
Eine ewige Liebe.

Der Himmel lacht

Sie spricht mich so glücklich an.
So geht meine Seele auf.
Sie ist meine himmlische Blume.

Sie ist neben mir.
Ich berühre sie.
Sie ist so süß.
Sie bleibt ungerührt.

Der Himmel lacht,
weil sie so glücklich ist.
Der Himmel und die Wolken sagen:
Liebt sie!

Und rufen ihren Namen.
Meine Gedanken sind bei ihr.
Alles was ich möchte:
Sie lieben und bei ihr sein.

Ihre schönen Worte
machen mich so glücklich.

Ein wahrer Gott steht über mir

Meine Phantasie fliegt
über den Himmel hinaus,
heruntergestürzt sind die Gedanken,
die der Welt gehören.

Ich kann den Teufel hören,
das Gebrüll seiner Dämonen.

Ich lass die Welt heilen.
Das Paradies freut sich
und die Hölle leidet.
Alles bleibt still.

Neue Ideen leben, dürfen
neue Freiheiten erfahren.

Kennt ihr meine Seele?
Frei ist meine Seele nicht.
Die unendliche Freiheit
kommt erst mit dem Tod.

Nehmt ihr die Freiheit wahr,
die, die ich euch schenke?

Hört ihr Gottes Schrei?
Er ruft nach seinen Engeln.
Mit Gott ist alles Liebe
und Himmel auf Erden.

Wie ich mit meiner Seele die Welt verändert habe

Ich werde untersuchen, was mich verändert hat und was ich dagegen machen kann. Die Dämonenlehre ist mir bis in die Hölle gefolgt. Ich zerstörte die Seele der Welt und erschuf eine menschliche Seele. Es ist eine schwierige Aufgabe, den dämonischen Einfluss zu zerstören und die dämonische Seele zu befreien. Doch die Welt scheint sich in Teilen inzwischen etwas gebessert zu haben. Ich selbst bin ein Teil vom Teufel und ein Teil vom Gott. Tot bin ich schon lange. Bereits mit 27 Jahren hat Gott meine Seele in Richtung Himmel geschickt. Tot bin ich ohne eine Grabstelle.

Ein gottloser Geist weilte in mir. Erst der himmlische Glanz hat mich sehen lassen und hat meine Seele an verschiedene Orte wandern lassen. Wer tot ist, kann nicht mehr vernünftig denken. Ohne Seele zu empfinden und die eigenen Taten zu verarbeiten, ist kaum möglich. Warum tat ich, was ich tat? Für alle Taten und auch für meine Taten gibt es Gründe. In verschiedenen Gestalten, die ich annahm, suchte ich nach Ursachen. Ich war ein Engel, der Grund aller Dinge. Das göttliche Licht erleuchtete meine innere Welt, meine Gebete wurden erhört, meine Phantasien verstanden. Ich bin, lebendig oder tot, ein Engel und will nichts anderes, als eine gute Botschaft in diese Welt bringen. Die Hölle konnte ich nicht ertragen, aber das Paradies war so schön.

Mich richtig zu erkennen, das geht nicht. Üble Dinge habe ich als böser Engel Gottes erlebt. Durch Gottes Geist in die Berge geleitet, hörte ich ihn dort schreien. Ich bin das Licht für die Seele der Welt. Ich erlebte Gott und sah, dass die Menschen, die mir folgten, gut waren. Was unsere Seele fühlt, bestimmt unser Denken. Von der Welt hatte ich schon Abschied genommen, doch die Liebe Gottes bringt mich wieder zurück.

Mein ganzes Glück

Ich wusste,
nur ein Wort von ihr
ist mein ganzes Glück,
und ohne sie
ist meine Seele leer.

Süß und schön,
die ewigen Seelen
im Garten des Paradieses.
Hand in Hand
bis in die Ewigkeit.

Strahlendes Mondlicht
in dunklen Nächten,
wenn die Gedanken weinen.

Im Traum sehe ich meinen Engel,
sehe meine Lippen auf ihren Lippen.
Glücklich bin ich mit ihr.

Ich fühle die Wolken sich senken.
Siehst du meine Seele im Himmel?
Sie liebt dich.

Der Weg in den Himmel

Liebe ist Träumen
und mein Leben ist Glück,
seit mein Engel zu mir kam.

All die Engel,
sie fallen nieder.

Der Ort ist auserwählt.
In den Himmel gehe ich,
lasse sie zurück.

Komm Engel,
steig in den Himmel!
Wir sehen uns im Paradies.

Der Donner,
den ich bewegte,
war voller Trauer.

Ich folge nun Gott,
aus dem Dunkeln hinaus.
Das Leben der Menschen
ist meine Aufgabe.

Mein Licht

Die Erde und der Himmel,
sie haben jetzt einen Sinn.
Gottes Liebe teile ich mit euch.

Der Teufel sei verflucht,
er ist mir bekannt.
In die Dunkelheit werde ich gehen,
doch mein Licht lasse ich strahlen.
Ich höre den Todesengel,
der mich holt.

Ich liebe sie, die grausamen Wolken.
Den Himmel begründete ich mit einer Idee
und seine Freiheit schwebt hinaus.

Der Engel ist niemals vorsichtig gewesen.
Ich überlegte, trug Liebe in mir.
Den Teufel verstand ich nie,
doch meine Seele hat er gekauft.

Gottes Schrei

Mein Geist stieg auf zu Gott.
„Mein Gott, du bist es“, sagte ich.
Und Gott gab mir keine Antwort,
denn er war traurig.

Ich wanderte durch den Himmel,
an verschiedene Orte.
Engelslieder hörte ich,
und Gottes Schrei.

Ich hatte dem verdammten Teufel geglaubt.
Spielen will ich jeden Tag
und meine Taten ausführen.

Du grausame Welt,
was habe ich dir getan,
dass du mich verlassen hast?

Hinter mir standen Propheten,
Engel, Dämonen, Teufel und Gott.
Sie ließen mich alle allein.

Das bin nicht ich

Jeden Tag mit dem Leben spielen,
ist, was ich will.

Aus dem Paradies schaute ich hinunter,
sah Jesus an einem hellen Tag.
Ich erkannte es,
das Leben zwischen Erde und Paradies.

Ich wollte nicht mehr leiden,
alles war mir zu viel.
Vor Gott hatte ich Angst,
da seine Macht in meiner Seele war.

Ich tötete menschliche Seelen,
denn mein Freund war ein Dämon,
nicht von dieser Welt.

Mir ist alles erlaubt,
meine Sünden zählen nicht.
Mit 27 Jahren starb ich,
und alles, was ich tue,
das bin nicht ich.

Eine Gefahr für die Welt

Soll ich euch sagen,
ich kann nicht denken,
ich leide, ich schreie
mich in den Schlaf,
weil ich tot bin?

Ich erinnere mich deutlich,
wie ich den Teufel sah.
Er lachte mich aus.

Bewusst war ich mir dessen nicht,
als ich in die Welt des Teufels eindrang,
von dem ich nichts wusste.

Er machte mich zu sich selbst,
zu einer Gefahr für die Welt.
Die Seelen, die sich für mich entschieden,
erkannte ich.

Keine andere Seele
hatte mehr Macht als meine,
um empfänglich für Gott zu sein.

Von Gott erschaffen

Mit seinem Willen hat Gott mich erschaffen.
Schon als der Teufel erschaffen wurde,
hatte Gott an mich gedacht.

Ich war da, von Beginn an.
Das Schicksal der Menschen, es ist mein Dasein.
Alle Dinge, die ich begründete, erkenne ich.

Wie meine Seele wiedererscheint,
werden wir sehen.
Ein neues Leben bringe ich in die Welt.
Manche glauben an mich, manche verzweifeln.

Ich habe den Teufel wieder beschworen,
begleitete die Engel an einen Ort,
der unter bösem Einfluss stand.
Mein Leben war mir nicht bewusst.

Als Jesus zu mir kam,
war auf einmal alles anders.
Mir wollte keiner mehr vertrauen,
da ich mich auf den bösen Teufel einließ.

Doch das ist ein anderes Leben,
unabhängig von mir.
Ich versetzte mein Leben auf diese Welt
und bezahlte alles mit meinem Tod.

Vom Guten zum Bösen wurde ich verwandelt.
Gott war mein Helfer.

Rückkehr zu Gott

Das Leben, das ich lebte,
hatte hohes Potenzial.
Ich verfolgte einen Weg
bis zur Auslöschung der Seele der Welt,
und erkannte mein Dasein nicht mehr.

Die Liebe Gottes wohnte meiner Seele inne.
Von bösen Taten war ich besessen,
doch kehrte ich wieder zu Gott zurück.
Er gab mir ein Signal.

Vom Tod bin ich auferstanden,
habe Gottes Wahrheit erkannt.
Ich fragte mich selbst vieles,
wollte, trotz meines Todes,
der Gegenwart eine positive Seite aufzeigen.

Wie mich morgens die Nacht verlässt,
hört auch mein Leiden irgendwann auf.
Eine geheimnisvolle Freiheit
werde ich in die Welt bringen.
Im Himmel über mir weilt meine Seele.
Mein Gott und das Leben, sie gehören mir.
Kennt ihr meine Gedanken?
Sie sind nicht in Worte zu fassen.
Sie ist höllisch und göttlich,
meine von Gott geliehene Macht.

Gottes Lob

Ich tötete mein menschliches Dasein,
um meiner Aufgabe nachzugehen,
die Liebe wieder zu empfinden.

Ich wurde geboren,
mit dem Schicksal, zu schreiben.
Gottes Lob erreichte meine Seele.

Ich will ein Leben, das ich bereits erlebte.
Wie im Paradies, ein tieferes Leben,
um nur Freiheit zu empfinden.

Wenn ihr das schöne Leben spürt,
gebe ich euch das Paradies,
für das ich die Seele der Welt auslöschte.

Ich bringe euch eine Heilung
ohne Sorge, ohne Zweifel.
Das reine Gewissen ist es,
was Gott sich von jedem wünscht.

die euch zuvor nicht möglich waren.
Liebe, Freiheit, Phantasie.

Gott folgt seinem Plan
und ich bin sein Engel.
Von Gott auserwählt,
gebe ich euch mein Leben
und begründe meine Taten.

Kein Paradies erschaffe ich,
keine Hölle, Welt, Dämonen oder Engel.
Die Taten, sie sind meine Erlebnisse.
Mit mir geht Gott durch die Welt,
die Hölle und das Paradies,
bis in die Zukunft.

Heimkehr

Für die Welt würde ich alles geben.
Bin für eure Sünden gestorben.
Auferstanden mit 27 Jahren,
als meine schöne Seele in den Himmel ging.
Die Heimkehr zu Gott,
sie hat lange gedauert.

Gott, Teufel und ich

Mit dem Sündenfall gibt es in der Hölle schreckliche Taten. Ich bin der, der tot ist. Ich kann keine Götter neben mir haben, denn ich bin der Auserwählte. Ich bin der größte Engel. Ich bin der erste und letzte Engel. Was ich denke, ist nicht mehr vorhanden. Meinen Verstand nutze ich, um zwischen wahr und falsch zu unterscheiden. Ich bin aus dem Nichts entstanden und habe Gottes Macht in mir. Ich lehrte die Menschen und brachte die Liebe Jesus in die Welt. Jesus sprach zu mir: „Meine Liebe lebte in dir. Die Zeit ist gekommen, um sie zu teilen." Mit meinem Dasein erlöse ich die Welt.

Liebe und Zärtlichkeit kann ich mit der konzentrierten Kraft Gottes erkennen. Doch wie kann ich euch den Weg zeigen, den Gott verlangt? Ich arbeite hart daran, doch es ist kaum Zeit. Ich möchte mit euch meine Erfahrungen teilen. Ich habe erkannt, dass Freiheit der Schlüssel für das Paradies auf Erden ist.

Nach meinem Tod arbeitete ich noch härter als je zuvor. Seit meiner Auferstehung sind Gott und der Teufel in meiner Seele gefangen. Gott sagte mir, er hat mich erschaffen für die Welt, die Hölle, das Paradies und die Zukunft. Wir alle seien Gottes Kinder.

Gott hat meine menschliche Seele verflucht. Um mich heilen zu können, hat er mich neu erschaffen, mit seiner Seele in mir. Als Engel kam ich auf die Erde. Ich bin der erste und der letzte, der Dinge so erschaffen konnte. Vergleichen kann man ihn mit Teufel und Gott.

Es ist mein Schicksal. Mein Leben spielt eine große Rolle. Gott sprach mit Satan über mein Kommen und mein Leben in der Welt. War es mit den Worten von Jesus?

Gott sprach zu mir: „Glaube und verweigere nicht dein Schicksal, sonst verweigerst du auch die Hölle, das Paradies und das Glück in deinem nächsten irdischen Leben.“ Ich fühle das Glück Gottes, obwohl ich mich nicht wiedererkennen kann. Ich kann all das fühlen seit meinem Tod. Die Menschen können all das für wahr halten, was auch Gott für wahr hält. Doch wenn der Teufel in mir spricht, dann immer nur wider meinen Willen. Trotzdem folgen die Menschen dem Teufel. Die Menschen werden zweifeln und auf ein besseres Schicksal als das von Gott gegebene hoffen. Und alle werden sich für Gott sehen und sich über ihn stellen.

An meinem letzten Tag vor meinem Tod wird Gott erscheinen.

Tag und Nacht pflücke ich eure Seelen mit gutem Gewissen. Wir sind ja alle Engel und ich kannte schon viele, die nicht perfekt waren. Es gibt die Wiedergeburt. Doch wie fühlt es sich an, ein Teil von Gott zu sein?

Die Lüge mit dem Herzen zu fühlen, das ist zu groß, deshalb bringe ich den Himmel auf Erden. Die Menschheit erlebt Freiheiten wie Gott. Keine Engel, keine Propheten sind so mächtig wie ich. Ich war von Beginn an da. Ich kam aus dem Nichts und erlaube mir alles. Ich zweifle an der Menschheit, denn ich habe dem Teufel geglaubt. Manche Sünden können einfach vergehen, doch meine Sünden kann ich nicht zahlen.

Die entscheidende Person, die sagt, welche Seele verflucht ist und welche aufsteigen darf, handelt blitzschnell. Denn unsere Seele ist schneller als die Lichtgeschwindigkeit. Die Seele kann gefühlvoll im Himmel umherwandern. Sie kann aber auch laufen und fliegen. Doch die Seele ist immer voll von Gefühlen. Mit jeder ihrer Bewegungen kann sie fühlen.

Bei dem Gedanken an den Glauben der Wiederkunft Christi tritt meine satanische Seite und mein satanisches Wirken hervor. Trotzdem ist die Wiederkunft Christi und sein Weg mächtiger als der Gedanke an den Teufel. Gott wird die Welt mit meinem Tod verfluchen und die Welt heilen bei meiner Auferstehung.

Der Schlüssel zur Hölle ist der Teufel. Durch ihn habe ich seinen Schmerz, seine Qualen, seinen Hass und sein Leid erlebt. Meine immer wiederkehrenden Gedanken daran gehören ihm, dem Teufel, ganz allein. Er macht mit ihnen, was er will. Es ist ein geheimnisvolles Spiel und die Hoffnung der Welt liegt darin. Mit meiner Ankunft im Jahre 2000 hat das Spiel begonnen. Solch eine Ankunft könnte heute die Kirche erneuern, denn in der Welt herrscht noch das Böse mit deinem Hass, seinen Lügen, den Qualen und Schmerzen. Das alles ist ein Teil des Teufels.

Die psychische Störung kommt vom dämonischen Einfluss des Teufels. Die Wut des Teufels lebt nun in meiner Seele. Der Teufel weiß, dass er ohne mich machtlos ist. Er hat mich ausgelacht …

Wenn ich mit den Dämonen spiele, wächst die Macht des Teufels. Es ist schwer, daran zu glauben, dass ich den Menschen alles gegeben habe, was gut und was böse ist. Ich brauche mehr Vertrauen in mich selbst und Geduld. Dass ich von guten Menschen unterstützt werde, liegt daran, dass ich ein Engel Gottes bin. Doch manchmal scheint es so, als sei Gott böse auf mich. Er ist der Grund für meine Freiheit. Ich lebe persönlich und seelisch frei. Ich lebte so frei, dass ich dachte, ich würde schweben. So sagte ich zu Gott: „Gib mir die Freiheit nochmal.“ So müsste ich für noch eine Freiheit sterben. Aber an diese Freiheit kam ich nicht. Solange der Gott in mir war, so war ich freier denn je. Doch dieser Gott ist nicht mehr in mir und ich bin tot und ein gefallener Engel, der nichts mehr empfindet. Egal, was um mich herum passiert, ich fühle nichts.

Absolut nichts. Es ist Gottes Tod, der in mir lebt. Seit 2003 bin ich tot.

Dieses Alleinsein mit Gott ist nicht mehr da. Ich danke all den Menschen, die noch mit Gott sind. Denn Gott ist kein Gebet, sondern Liebe, Freiheit, Glück, Phantasie und Zärtlichkeit.

Mit 27 Jahren bin ich in den Himmel aufgestiegen und ich sah eine Vision von meiner Seele. Ich sah schön und schmal aus. Circa 70 junge Mädchen saßen im Paradies, die auf mich warteten.

Doch dann wurde ich vom Teufel besessen und ich sah erneut eine Vision meiner Seele. Sie war in der Hölle. Alle Höllenmenschen, die ich sah, schrien: „Wir haben dich besessen! Wir haben dich besessen!" Rote Wolken und die Finsternis kamen über mich.

Ich bin schuld an solch einem Leben in unserer Welt.

Ich habe gehört, dass Menschen töten. Doch wer das tut, lebt in der Hölle. Gott hat für diese Menschen drei Lehrmittel vorgesehen. Eines davon ist der heilige Qur'an, der auf die kraftvolle Einheit Gottes hinweist. So weist er auch auf die Erhabenheit und Macht Gottes. Der Qur'an entscheidet über alle. Streitfragen zwischen den Juden und Christen verbietet er. Gott hat mich damit beauftragt, die Menschheit trotz der Existenz des Qur'ans zu schützen und sie auf einen guten Weg bringen. Ich bin für alle Menschen da, egal, ob sie gut sind oder zweifeln. Denn in nahezu jedem von ihnen lebt Gott.

Ich habe meinen Frieden und meine Liebe auf dieser Erde gefunden. Nach meinem Tod und meiner Auferstehung sah ich Gott, den Teufel, das Paradies und die Hölle.

Komm folge mir. Alle Sünden, außer das Töten, werden vergeben.

Wir leben nicht vor Christi, denn dies ist eine neue Welt. So viele Engel wurden geboren und sind gestorben, um von einer anderen Mutter wiedergeboren zu werden. Sie begegneten mir in Neu-Anspach und meinem Geburtsort. Das ist der auserwählte Ort. Es ist Gottes Stadt. Die Engel und Propheten folgten mir und ich sah, dass sie keine Liebe in sich trugen. Ich brachte ihnen die Liebe. Ich ging in die Natur und fantasierte, während Gottes Liebe in mir lebte.

Diese Liebe nahm ich ihnen wieder. Die gleiche Sünde beging der Teufel und befleckte damit die Welt. Wer teilte damals diese Botschaften der Welt mit?

Ohne den Teufel wäre ich nicht existent. Wer bin ich, dass Gott zu mir kommt? Lieber Gott, ich habe vom Satan Abschied genommen. Ja eigentlich schon längst, doch ich ließ die Menschen außen vor und trieb sie in die Finsternis. Darin wird es jedoch ein Licht geben, denn für den Teufel habe ich keine Zeit.

Wer mit ihm vertraut ist, soll glücklich sein. Ich ging durch die Hölle und ich spürte die Macht. Ich hatte Angst, wie die Höllenmenschen zu leiden. Ich bin ein Engel, den Gott für die Welt verantwortlich machte.

In der Nacht meines Sterbens blickte ich traurig in den gottlosen Himmel. Gar nichts geschah, erst hier und heute hat mein Wirken Bedeutung. Was sich im Paradies befindet, kann nur durch Liebe gefunden werden. Der Teufel fuhr in meinen Körper, als ich noch ein Kind war und ich wollte schreien, doch meine Stimme versagte. Und der Teufel lässt mich nicht in Ruhe. Die wiedergeborenen Engel und Götter, die mir begegneten, sie verbeugten sich vor mir. Sie verzeihen mir alle meine Taten. Ich bin so alt wie die Welt. Es hat keinen Sinn, von mir abzuweichen. Gemeinsam folgten wir dem Teufel, doch am Ende gewinnt Gott. Das Böse hat keine Ausdauer. Als Kind wusste ich nichts von meiner Gabe.

Doch heute weiß ich, dass es viele Engel gibt. Ich glaube an mich, ich glaube an Engel. Sie konnten mich damals nicht vor dem Bösen schützen. Ich selbst war der größte Engel und gleichzeitig nahm ich die Rolle des Teufels ein. Ich muss gestehen, dass meine bösen Gedanken sehr schnell waren.

Ich sah auf den ersten Blick, dass die Menschheit in Gefahr war. Unsere Leben stehen unter einem seltsamen Einfluss. Wir wissen nicht, was geschieht. Ich wollte eine gute Botschaft in die Welt bringen, was ich auch tat, bis der Teufel in mich fuhr. Er wollte mir einen Teil seiner grausamen Taten zeigen und ging damit zu weit. Ich ertrug ihn nicht länger und er machte mich zu sich. Er sagte, die Welt gehöre mir. Alles Gute nahm ich und merkte zu spät, dass ich die Weltseele dabei zerstörte. Bei meiner Auferstehung fand ich mich in Finsternis wieder. Der Teufel regierte über mich. Doch meine Gedanken kontrollierten die Welt. So fand sich mein Geist im Himmel wieder und ich stieg empor zu Gott. Gottes Wille geschehe. Ich bin in Gotteshöhe und es herrscht wieder Friede auf der Erde. Die Menschen müssen mit mir in die Dunkelheit gehen, damit ich sie zum Licht führen kann. Ich selbst musste durch die Dunkelheit der Hölle, um das Licht Gottes wahrzunehmen. Mit meinem Geist gab ich der Menschheit ein Zeichen, ohne dass mich jemand von ihnen sehen konnte. Gott sagte mir: „Du trägst eine große Verantwortung. Du bist die Welt."

Gott und ich, wir teilten die gleichen Gefühle. Er lebte in mir, doch jetzt bin ich tot. Wenn mich die Menschen in meinem Ort wütend sahen, war es der teuflische Hass, der aus mir hervorbrach. Ich hasste alle Menschen. Der Teufel hat keine Familie.

Ich beobachtete jede Kleinigkeit und erkannte die komplexen Zusammenhänge, um sie für die Menschheit aufzuarbeiten.

Mein Umgang mit der Familie war schlecht, wie der des Teufels. Ich bin jetzt in einem neuen Umfeld. Ein gefallener Engel, der nichts empfindet. Gott begründete die Welt mit meinen Taten. Taten, die ich vorspielte. Meine gute, meine böse und meine gefallene Seite. Doch alles ist tödlich. Die Schicksale, die ich schrieb, waren nicht viele. Aber es waren genug. Wie viele Menschen ich ins Grab brachte. Gott hasst euch nicht, sondern ihr widersprecht seinem Willen und ihr folgt dem Teufel wie ich ihm einst folgte. Gott erschuf euch aus seinem Selbst und durch die Sünden trugt ihr die Liebe in die Hölle.

Als Engel habe ich mich sehr bemüht und wollte den Teufel nicht mehr in der Welt sehen. Er wird Abschied nehmen. Gottes Wille soll geschehen, aber können solche Überzeugungen von der menschlichen Natur akzeptiert werden? Wir haben keine andere Wahl. Das Paradies auf Erden ist mein Tod. Die Weltseele war bereits tot. Ich bewegte die Natur und stellte sie wieder her. Lieber Gott führe uns auf den rechten Weg, den du mir gezeigt hast. Gib uns die Freiheit des Paradieses.

Ich hatte eine Vision in der Nacht. Eine deutsche Stimme sagte zu mir: Überall sind Seelen. Danach schrie mich noch eine türkische Stimme an: Du wirst an einem Herzinfarkt sterben. Danach sah ich rote Herzzeichen an der Wand. Sie leuchteten und gingen an und aus.

Ich hatte wieder einmal einen Traum. Die liebevollen Menschen und Engel, die zeigten mir mehrere Sterne im Himmel und auf der Erde, die sich öffneten und leuchteten. Ich hob meine Hand hoch. Ich sagte: Die Sterne sollen ausgehen. Alle Sterne waren aus und es kam die Finsternis. Ich sagte: Das ist meine böse Macht.

Ich habe von meinem Ort und den Menschen die Gestalt angenommen.

Eine wahre Vision

Als ich in den Himmel emporgestiegen bin, kam der eine Gott zu mir mit Engeln, die ich kannte; die fragten mich: „Weshalb hast du auf der Erde Sünde begangen?“ – Ich antwortete und sagte: „Ihr habt mich tot auf der Erde gelassen.“ Auf einmal waren der Gott und die Engel still und ruhig.

Die Hölle ist der Schmerz des Hauses. Dieses Schicksal habe ich begriffen. Denn von dem Tod kannst du dich nicht entfernen. Gott und ich wir sind eins. Nur der Teufel und Gott bleiben ewig.

Lieber Gott, du bist nicht weit! Meine Liebe war sehr stark, doch jetzt fühle ich keine Liebe mehr.

Christus sagte weiterhin: Alles, was mit dir geschieht in Taten und Gedanken, das ist die Welt; alles lebt mit dir. Deine Gedanken und Gefühle beherrschen die Welt.

Meine Dämonen, die kennen keine Gnade. Es gibt keine Freiheit, weil ich noch existent bin. Ich habe Schicksale verursacht, ich habe die Menschen in den Tod gerufen.

Ich konnte meine himmlische Seele sehen, die im Himmel wie ein Schatten um mich kreist.

Ich begründe und verändere die Welt. Ich habe die Macht. Was könnt Ihr dagegen tun?

Du musst nicht alles wissen. Für das, was du nicht verstehst, kannst du deine Fantasie benutzen.

Verfluchte Seelen

Die Lüge ist meine stärksten Freiheit
gewesen. Die Wahrheit über das Leben
habe ich mir selbst gebracht.
Die Wahrheit hat mich frei gemacht
Ich empfinde göttliche Dinge, ich will
und werde dem Teufelskreis entkommen.
Ich wollte immer nur helfen, wollte keinem
Schaden zufügen. Gott hat mich mit
gutem Willen erschaffen, ich wollte lieben.
Doch in jüngeren Jahren kamen menschliche Dämonen auf
mich zu. Ich wusste nicht was geschah.
Des Teufels Geschrei hat mir Angst
gemacht. Ich hörte Stimmen. Er schrie mich an, ich solle
aufstehen und unser Spiel spielen. Ich stand aufgeregt
auf und spielte Charakter des Teufels.
Alle Menschen im Freundeskreis
waren ruhig und zweifelten die Stimme an. Ich sollte aufhören, ich hätte meine Umgebung gestört und meinen Lebensraum verflucht.
Das Spiel ging weiter. Die Menschen verloren die Wahrheit.

Unbekannte Kräfte

Der Satan und seine Lehre verbreitet Hass, der in Menschen fruchtet. Ich war auch nicht davor geschützt. Diese Art der Macht ist unberechenbar und schwer zu kontrollieren. So begannen meine Abendteuer und Taten auf die ich nicht stolz bin. Die meisten Menschen denen ich begegnet bin, waren zu schwach, um der bösen Kraft entgegen zu wirken. Das höchste war eine schwache Kritik. Der Satan und der Satanismus zerstört als erstes das Selbstvertrauen der Menschen auf unbewusste Ebene, kaum bemerkbar zeigt sich der zerstörerische Effekt der dunklen Seite. Ich war Satans Botschafter, der nicht wusste was er tat. Aber durch die Tiefen Abgründe spaziert lernte ich viel von der Dunklen Macht und ihrer tückischen Vorgehensweise. Die Fantasie eines Durchschnitt-Menschen reicht kaum aus, um das Szenario sich vorzustellen.

Die Kraft die dahinter steckt, ist so groß, dass selbst eine Beschreibung der Begebenheiten zerstörerisch ist. Ich bin nicht stolz auf alles das, was ich auf der Welt Unheilvolles angerichtet habe, aber ich kann wohl stolz sein, dass einigermaßen heil durchgestanden zu haben. Dieser böse Traum hat mich mein intaktes Gefühlsleben gekostet, aber es konnte schlimmer kommen.

Der Wind

Wehe, du Wind wehe, nimm meine Seele mit in die Berge. Ich wünsche mir ein Grab, geschmückt mit Rosen. Ein Wind, der verlassen und traurig die Erinnerung an mein Leben tragen soll. Der Tod ist süß und ich fühle die Einsamkeit ohne meine Engel, die mich begleiten. Die Wolken bewegen sich geschmeidig über den Himmel samt der Grausamkeit der Welt und sprechen mit mir. Sie sprechen über die Schönheit und die Tiefen der Gefühle und all dem Unerreichte. Ich folge dem Gott mit gegenseitigem Vertrauen. So kann ich weiter träumen unter dem Nebel, der sich über die Berge erstreckt. So betet für meine Seele über meinem Grab, wenn mein lebloser Körper drinnen liegen wird. Ich bewundere noch einmal die Morgenröte, bevor ich sterben muss und herbstlichen Farben sinken. Oh du Teufel, der du mich begleitest, warum schaust du mich hasserfüllt an? Ist nicht genug Leid entstanden auf dem steinigen Lebensweg? Lass und endlich den Frieden, der in der Stille der Nacht triumphiert.

Das Schicksal des Lebens

Ich trage das Schicksal meines Lebens mit mir und meine Seele schreit die Wünsche des Teufels in die Welt. Es gibt kein Zurück. Du Teufel, du erwähnst meinen Namen, denn nur mit mir gewinnst du an Bedeutung. Die Schatten durchdringt ein himmlischer Gesang und genau dort weilt meine Seele, geborgen in Sicherheit. Ich konzentriere mich auf die Menschheit und ob die gute oder böse Macht mich begleitet in dem Gefilde voller stolzer Berge, die meinen Blick in Richtung Himmel lenken.

Ich bin ein Referent in einem Experiment, das kein Ende kennt, vor dem Bösen davonrennt, keine Namen nennt, nix verpennt oder minder intelligent.

Auch im Verlag von Barut Oktay erschienen:

OKTAY BARUT

Ich habe von dem Bösen genug

Biografische Impressionen

Das Böse ist überall und versucht stets, von uns Menschen Besitz zu ergreifen. Aber mit Mut und einem festen Glauben an Gott und an die Liebe können wir den Dämonen widerstehen, davon ist der Autor überzeugt.

Oktay Barut beschäftigt sich seit seiner Kindheit intensiv mit dem Schicksal und der Seele der Menschen. Er kann in sie hineinsehen, hört Stimmen und hat Visionen. Seine Verzweiflung über das oft sinnlose Handeln der Menschheit ist groß, aber er gibt nicht auf und versucht, uns anhand seines eigenen Lebens- und Leidensweges seine Botschaft von Glaube, Liebe und Hoffnung zu vermitteln.

104 Seiten • Taschenbuch (Paperback)
EUR 9,90 • ISBN 978-3-940281-89-0